Das Buch

Der alte Schuster übergibt seinem Sohn das Geschäft und zieht sich auf das Altenteil zurück. Doch nach und nach wird er in das kleinste Zimmer des Hauses abgeschoben. Da heckt er mit dem Pfarrer eine List aus, wie er seine engherzige Familie um das Erbe bringen kann ... Von Ernten, die durch ein Gewitter vernichtet werden, erzählt Lena Christ und von den Menschen, die dies gleichmütig hinnehmen. Von Erbschleichern und Hochzeitern, vom Räuber Blasius, auf den die Bauern Jagd machen, aber ihn mit dem Oberförster verwechseln, von unehelichen Geburten und vom langsamen Sterben des Altbauern. Mit leisem Humor entwirft sie ein Bild vom Landleben, wie sie es in ihrer Jugend kennengelernt hat und wie es selten gezeigt wird: vom Alltag auf den Höfen, von Kämpfen, aus denen die Frauen oft genug als Siegerinnen über die hochmütigen und gedankenlosen Männer hervorgehen. Dies alles wird in einer so lebendigen Sprache geschildert, als sei man direkt dabei.

Die Autorin

Lena Christ, geboren am 30. Oktober 1881 in Glonn/Obb., wuchs bei ihrem Großvater mütterlicherseits auf. 1888 holte sie die inzwischen verheiratete Mutter nach München. 1901 heiratete Lena Christ den Buchhalter Anton Leix. 1909 trennte sie sich von ihrem trunksüchtigen Mann und verdiente sich ihren Lebensunterhalt mit Schreibarbeiten. 1912 heiratete sie den Schriftsteller Peter Benedix. Am 30. Juni 1920 beging sie Selbstmord. Werke u. a.: ›Erinnerungen einer Überflüssigen‹ (1912), ›Lausdirndlgeschichten‹ (1913), ›Mathias Bichler‹ (1914), ›Die Rumplhanni‹ (1917), ›Madam Bäurin‹ (1920).

Lena Christ:
Bauern
Bayerische Geschichten

Deutscher
Taschenbuch
Verlag

dtv

Von Lena Christ
sind im Deutschen Taschenbuch Verlag erschienen:
Lausdirndlgeschichten (2577)
Erinnerungen einer Überflüssigen (10811)
Die Rumplhanni (10904)
Mathias Bichler (11035)
Madam Bäurin (11089)

Ungekürzte Ausgabe
1. Auflage Januar 1990
Deutscher Taschenbuch Verlag GmbH & Co. KG,
München

›Bauern‹ wurde entnommen aus:
Lena Christ, ›Gesammelte Werke‹,
8. Auflage München 1984 · ISBN 3-7991-5692-1
Umschlaggestaltung: Celestino Piatti unter Verwendung des Gemäldes ›In der Bauernstube‹ von Wilhelm Leibl
(Neue Pinakothek, München; Foto Joachim Blauel, artothek, Planegg)
Gesamtherstellung: C. H. Beck'sche Buchdruckerei, Nördlingen
Printed in Germany · ISBN 3-423-11169-0
1 2 3 4 5 6 · 95 94 93 92 91 90

Inhalt

Die Freier

Der Moserbauer von Kreuth galt schon von jeher als ein wohlhabender Mann, und man schätzte ihn leichtlich auf hunderttausend Mark.

Aber – was sind hunderttausend Mark, wenn man sie durch sechs teilt? Nimmer viel. Grad noch eine von den bekannten Fliegen, die der Teufel in der Not frißt.

Nun waren aber auch beim Moserbauern ihrer sechs Kinder. Und sie waren so verteilt, daß immer auf ein Maidl zwei Buben folgten. Also vier Buben und zwei Dirndln.

Alle sechs gesund, nicht uneben von Gestalt und im besten Alter – so zwischen Zwanzig und Dreißig. Und sie hätten wohl sicherlich längst alle gut verheiratet sein können, wenn eben nicht diese Sechsteilung gewesen wäre. Mangel an Überfluß schreckt jeden Freier und macht jeden unwert, je nachdem.

Also die Moserkinder waren noch ledig, da kam der Krieg. Und die Buben mußten hinaus – alle vier.

Und da es endlich hieß: »Friede wird! Parole Heimat!«, da war von den Moserbuben kein einziger mehr dabei, der mit einmarschierte in das kleine Dorf.

Alle vier liegen draußen im fremden Land – zur guten Ruh gebettet. –

So sind nun aus den sechsen zwei geworden und gelten plötzlich als gute Partie. Denn hundert Tausender geteilt durch zwei gibt ein gerechtes Häuflein, nicht zu verachten als Morgengabe für einen Freier! –

Besonders dem Schweigerlenz von Lindach wär's nicht ungelegen, wenn ihm einer von den Mosergeldsäcken in den Schoß fiele! Und drüben in Au ist auch einer, der so denkt: der Schneithubermichel.

Darum sagt der eines Morgens zu seinem Alten: »Du, Voda, was moanst?«

Und der alte Schneithuber erwidert: »Was soll i moana?«
Darauf erklärt der Sohn: »No, zwegn der Heiraterei. I wisset mir oane.«
»Ja so«, sagt da der Alte; »heiratn sagst. Ja no. Dees wirst scho selm wissen, wer, wie und was.«
»Woaßt, fuchzgtausad March und gar net schiach!« erklärt der Michel weiter.
Jetzt horcht er aber auf, der Schneithuber.
»Fuchzgtausad sagst? Mei Liaber, nachher is's koane von Au! Nachher muaß i s' scho wo anders suacha.« Er überlegt eine Weile. »Da is amal d' Rauthalerlies von Seeon; aber die hat grad dreißgtausad. – Und d' Nackmoarsusann von Berg . . . naa – die hat ja an Buckel und schiergelt auf oan Aug. Und du sagst, daß s' net schiach is. – Ja mei – was kunnts nachher leicht für oane sein? Da wüßt i koane als wie eppa oane von dee zwoa Moserdirndln von Kreuth! . . .«
Sein Sohn, der Michel, hat eine Endsfreud. »Derraten hast es, Voda!« schreit er; »akrat derraten!« Und er schlägt sich lachend auf die Knie.
Aber sein Vater hat Bedenken.
»Moanst, daß von dene oane Schneithuaberin werdn möcht?«
Doch sein Bub lacht noch mehr. »Was moanst? Net mögn, moanst? Mi, den Schneithuabermichel von Au? O mei, Voda! Da bist gstimmt! Bis zum Sunnta bin i Hochzeiter, da wett i! Oane von dee Moserdirndln wird Schneithuaberin – so gwiß, wie zwoa und zwoa vier is!«
So denkt und spricht der Schneithubermichel von Au.
Und droben in Straß der Windelbauer, ein Wittiber in den besten Jahren, hat auch gerad den schwarzen Plüschhut in der Hand, steckt eine feuerrote papierene Rose darauf und macht sich auf den Weg nach Kreuth, indem er zu sich

selber sagt: »Bal oaner 's Zwoaspannigfahrn gwohnt is, soll er 's oaspannig bleibn lassen. Entweder nimm i d' Nanndl oder i nimm d' Mirl. Oane von dee Moserdirndln muaß's werdn. Nachher kann i dem Heimerlbauern, dem Spitzbuam, aa glei sei Hypothek hoamzahln.« –

Drunten in Holzen aber spannen die beiden Reiserbuben das Bräundl vor den Schlitten und fahren gleichermaßen nach Kreuth, fest davon überzeugt, daß einer von ihnen in längstens acht Wochen Moserbauer ist, während der andere nach derselben Frist die Schwester des Bräutls als Reiserbäuerin heimführt.

Welcher von ihnen die Mirl und welcher die Nanndl nehmen soll, ist ihnen völlig gleichgültig. Der Geldsack macht's – und der ist bei beiden gleich.

Also fahren sie guten Muts dahin und kommen just zu der Stund an den Moserhof, da gerade noch ein paar Bewerber dort eingetroffen sind.

Alle miteinander aber haben es schlecht erraten mit dem Besuch; denn die Nanndl treibt eben die beiden Ochsen um den Klöppel der Gesottschneidmaschine, knallt mit der Geißel und plärrt alle Augenblick: »Wüah! Hüh! Gehts zua, sag i!«

Und die Mirl steht droben am Heuboden, räumt das geschnittene Gesott von der Maschine weg und schiebt es hinab in den Futterschacht des Stalles.

Da die Nanndl die verschiedenen Mannsbilder vor sich sieht, stößt sie einen gellenden Pfiff aus und schreit: »Ööh! Öha!«, worauf die Ochsen stillstehen.

Dies hat zur Folge, daß auch droben am Heuboden ein Pfiff ertönt und die Mirl ihren bestaubten Kopf aus der Fensterluke streckt und zur Schwester hinabruft: »Was geihts?« – »Kemma han wieder a paar!« erwidert diese, mustert Roß und Schlitten, dessen Insassen und die andern Besucher und treibt danach wieder ihre Ochsen an.

Und auch die Mirl werkt nach einem kurzen Blick auf die Angekommenen wieder weiter, ohne ihrem Vater, der die Schneidmaschine bedient, auch nur ein Wort zu sagen.
So kommt es, daß die vier Mannsbilder reichlich und gutding Zeit und Derweil haben, sich den Moserhof und die eine von den Erbinnen genau zu betrachten.
Auch kommt bald eine kleine Unterhaltung in Gang zwischen ihnen.
»Habts aa a Gschäft da?« fragt einer von den Reisersöhnen.
»Ja.«
»Woher seids denn ös?«
Die beiden andern tun fremd. »Mir ghörn net zsamm. Mir ham grad oan Weg ghabt. Oana is von Lindach und der ander von Au.«
Die beiden Reiserbuben wollen noch mehr wissen. »Seids leicht da zwegn an Viech?«
Aber die andern zwei haben bloß ein Nein als Antwort.
Und der eine, kein anderer als der Schneithubermichel von Au, stellt sogar eine Gegenfrage: »Zwegn was seids denn ös da? Eppa zwegn dera da hint?« Er zwinkert vielsagend mit den Augen nach der Nanndl hin.
Doch die Reisersöhne sind auch nicht dumm. Sie wollen bloß um einen Heißen fragen – um ein Rößl, ein gutes.
Aha. Nun ja. Er, der Michel, will bloß ein paar Zentner Samenweizen. Und sein Weggefährte, der Schweigerlenz von Lindach, will um ein schweres Stierkalb fragen. Denn die Moserkälber sind gar berühmt weit und breit! Nur so nebenbei meint er: »Der wird jetz hübsch überlaufa werdn, der Moserbauer. Zwegn dee Weibsbilder, moan i.«
Jetzt sind es die anderen, die sich unwissend stellen. »Warum zwegn dee Weibsbilder? – Ja so – zwegn eahnan Heiratsguat. No ja – mei – der oa möcht die und der ander die . . .«

Die Unterhaltung gerät ins Stocken, denn die Nanndl spannt auf einen Pfiff ihres Vaters hin die Ochsen aus und weist sie in den Stall. Und die Mirl steigt vom Heuboden herab und geht ins Haus, indem sie die Angekommenen mit einem züchtigen »'ß Good beinand« begrüßt.
Derweil tritt auch der Moserbauer aus der Tenne und sieht die Leut.
Er geht bedächtig auf sie zu, hört sich ihren Gruß und ihre Wünsche an und sagt: »Hübsch Schnee ham mir wieder kriagt, ja. Is aber recht. Nachher tuat eahm der Frost net so viel – an Troad ...«
»Hast an Samawoaz für mi?« fragt, ihn unterbrechend, der Michel von Au. Denn er ist der Ungestümste von allen Freiern.
Doch der Moserbauer ist nicht auf den Kopf gefallen. Er weiß genau, was der ander will. »Wieviel Tagwerk möchst denn anbaun damit?« fragt er.
»Fuchzehne«, sagt der Michel arglos.
»Baust mehra Korn? Oder hast a Tagwerk Mischling aa im Sinn?«
Je nun. Auf solche Fragen sagt jeder die Wahrheit. Und so erfährt der Moser, daß man beim Schneithuber so an die zwanzig Tagwerk Korn, fünf bis sechs Tagwerk Mischling und etwa zwanzig Tagwerk Haber anbaut. Erdäpfel gibt's auf zwölf Tagwerk Land.
Und der Alte rechnet im Kopf: »Fuchzehne – fünfadreißg – vierzg – sechzg – siebazg. Und Wiesen ... aha. Wird er leicht so hundert Tagwerk stark sein.«
Er mustert genau den Anzug vom Michel. Er wär' gar nicht übel; gutes Tuch – der Mantel schwer – die Stiefel vom Bauernschuster gemacht – keine Stadtware.
»Alsdann, i will schaugn«, sagt er langsam, »ob i dir no a paar Zentner gebn kann. Geh eine in d' Stubn derweil und hock di a weng nieder.«

»Ja, Herrgott! Das schaut ja schier aus, als täts was werden!« denkt schmunzelnd der Michel. Und die andern denken zähneknirschend dasselbe.
Der Schweigerlenz aber kann sich nicht mehr beherrschen. Er vergißt ganz auf sein Stierkalb und auf die angestammte Bauernschlauheit.
»Daß d' jetz du den Pfennigfuchser zu an Tochtermo nehma magst!« sagt er. »Da gäbs do wirkli no andere aa, die für a deinigs Dirndl passetn. Schaug mi o! Der oanzige Bua, hundertfuchzg Tagwerk und vierzg Stuck Vieh im Stall! Und schuldenfrei! Durft si a jede d' Finger bis zu dee Ellabogn abschlecka, bal s' mi kriagn kunnt!«
Au weh, Lenz! Diesmal hast du zu weit geschossen! Der Moserbauer lacht bloß. Und schüttelt den Kopf. Das Antworten aber besorgen die beiden Reiserbuben.
»Ja, da schaug her!« meint der eine. »A solchener ist mir aa no net vürkemma, der si selber anfeilt wie der billige Jakob sei Kraxenglump!«
Und der andere fügt bei: »Und vom Fingerabschlecka is beim Moserbauern seine Töchter überhaupts koa Red, dees mirkst dir! Die Arbeit derfst scho du selber macha!«
Solche Worte sind keine schöne Musik für den Lenz und auch kein Schlafpülverlein. Sie sind eher zu vergleichen mit den Stichen der Wespen oder Hornissen, und es ist nicht zu verwundern, daß der gute Lenz in die Höh' fährt und zuschlägt.
»Wird di aber weni oder gar nixen ogeh!« schreit er. »Und den andern Springginkerl aa net! Gott sei Dank, daß mir net drauf ostehn auf die paar Kreuzer vom Moserbauern! Aber ös Hungerleider! Ös Fretter! Ös . . .« Weiter kommt er nicht, denn die Reiserbuben haben ihn schon bei der Gurgel und bei den Haaren.
Aber just in dem Augenblick erscheint der festtäglich aufgeputzte Windelbauer von Straß im Hof. »Ja, Himmel-

seiten! Is bei enk heunt scho Kirta?« fragt er verwundert; »jetz hab i gmoant, i geht auf Brautschau, derweil kimm i zum Raafa recht.«
Und er wendet sich zum Moserbauern, der vergebens versucht, die drei Hitzköpfe zu beruhigen: »Zwegn was gehts denn her, Moser? Hams dein Zweschbenschnaps derwischt? Oder gehts zwegn dee Weiber her?«
Der Moser winkt ab. »Ah was! Laß s' raaffa! Die hörn scho wieder auf, bals gnua habn. – Wo kimmst her und was möchst?«
Der Windelbauer schiebt unternehmend den Hut ins Genick. »Was i möcht, fragst«, sagt er. »Paß auf, i sag dirs glei grad außa: a deinige Tochter möcht i.«
Der Moser tut verlegen. »A so sagst! A meinige Tochter möchst? Ja mei, Windel, da werds epps habn. Die andern da, die drei – und der Schneithubermichl vo Au möchtn halt aa oane. Und ich hab grad zwee. Und a Stuck a fuchzehne san scho dagwen und habn gmoant, es muaß sein. Kannst ja amal einegeh in d' Stubn.«
So was hört jeder gern, wenn's ihn selber angeht. Aber die drei, die sich derweil noch rechtschaffen abgerauft und abgestritten haben, haben auch gute Ohren. Und es paßt ihnen gar nicht, daß da schon wieder einer den Vorzug haben soll.
Darum wenden sie sich nun endlich an den Moserbauern mit ihrem Anliegen: »Der Voda laßt dir sagn, obst net an saubern Heißen hättst? An Schimmel oder a Rapperl. Was er kosten soll, will er aa wissen, und du sollst amal umeschaugn zu eahm. Er hätt allerhand zum dischbetiern mit dir. Und d' Muata hat uns epps mitgebn für deine Dirndln.«
Sie holen geschäftig ein Handkörblein aus dem Schlitten. »A paar Zuckersträuberl, daß's a süaß's Mäu kriagn, deine Dirndln.«
Der Moser lacht sein verschmitztes Lachen. »Aha. Für d'

Dirndln, sagts. – Und zwegn an Heißn, sagts. Aha. No ja. Müaßts halt amal eineschaugn. Spannts halt aus derweil. Wern mirs nachher scho sehng.«

Also. Nun sind alle glücklich beieinander bis auf den Schweigerlenz.

Dem aber fällt plötzlich das Stierkalb ein, und er tut so wichtig und lobt die Kälber des Moserstalles so sehr, daß der Alte wirklich nichts Besseres zu tun weiß, als auch ihn zu bitten, er mög' ins Haus gehen.

So sind sie denn alle beisammen, die Freier. Und der Moserbauer pfeift seinen Töchtern. »A Bier am Tisch und a Brot für d'Leut!« befiehlt er.

Die beiden erscheinen schüchtern und mit fromm gesenktem Blick. Und nachdem sie das Gewünschte auf den Tisch gebracht haben, verlassen sie sogleich wieder die Stube.

Dafür erscheint jetzt die Moserbäuerin, eine dicke, hinkende Alte mit vorquellenden Augen und einem dichten Bartflaum um Mund und Kinn.

»So, seids da!« begrüßt sie die Besucher. »J kann mirs scho denka, zwegn was daß's da seids. Ja no. Dees woaß ma ja. – Da – trinkt amal a jeder!«

Sie deutet auf den bauchigen Humpen und setzt sich danach auf das Kanapee.

Kreuzmillion! Es ist nicht leicht, seine Wünsche zu offenbaren, wenn noch vier dastehen, die das gleiche möchten!

Ein wahres Glück, daß der Moserbauer so schöne Rehgewichtl in der Stube hängen hat – und daß er die Photographien seiner vier gefallenen Buben aufgestellt hat. Das ist doch wenigstens ein Gesprächsstoff.

Und man gewinnt Zeit. Und man kann zeigen, daß man nicht auf der Brennsuppe dahergeschwommen kam.

Der Schneithubermichel ist der erste, welcher dies zeigt. Er setzt sich zur Moserin aufs Kanapee, lobt ihr schmackhaftes Brot und die Hand, welche es gemacht hat, schwatzt von diesem und jenem und rückt sich ins denkbar schönste Licht.

Und er versichert, daß er, wenn er nun noch seinen letzten Wunsch – die andern hätt' ihm unser Herrgott so alle erfüllt – zur Wahrheit machen könnt: nämlich daß er Tochtermann einer so guten, riegelsamen und werten Frau Mutter werden könnt, wie die Moserin eine wär', – ja – er sage es keck – dann möcht' er mit keinem Prinzen tauschen.

Darauf erwidert ihm freilich der Windelbauer, mit einem Prinzen tät jetzt überhaupt kein vernünftiger Mensch mehr tauschen; denn im Volksstaat hätt' sich die Prinzenschaft aufgehört.

Damit hat auch er die Klippe überwunden. Und nicht lange währt es, da weiß auch von ihm die Moserin alles, was er glaubt, daß es ihr angenehm in den Ohren klinge.

Die andern haben den Moserbauern derweil hübsch in Beschlag genommen.

Von der Jagd reden sie und vom Krieg, von der Politik und vom Vieh.

Und wollen doch alle miteinander damit nichts anderes sagen als: »Gib *mir* eine von deinen Töchtern! *Mir!*«

Der Windelbauer und der Schneithubermichel aber haben derweil die Moserbäuerin ganz freundlich und lustig gemacht und sind fest davon überzeugt, daß sie beide die Bevorzugten sind. Daher schauen sie allmählich immer öfter und immer tiefer in den Humpen, werden immer lauter und anmaßender in ihren Reden und treten endlich kurz entschlossen auf die Reiserbuben und den Schweigerlenz zu, indem sie fragen: »Zwegn was san denn de da? Jetz werds aber bald Zeit, daß's verschwindts! He, Moservoda! Gib eahna an Tritt, daß s' außefliagn! Für dee Handwerksburschen gibts koan Zehrkreizer nimmer! He! Habts ghört, ös drei?« Ob sie's gehört haben!

O Windelbauer! O Schneithubermichel! Sie haben's wohl gehört! Und sie zahlen euch's heim mit gutem Zins!
Der Schweigerlenz, der sich noch von der vorhergehenden Erregung kaum erholt und beruhigt hat, ist der erste, der in die Höh' fährt. »Wia habts gsagt? Habts ös net Handwerksburschen gsagt?«
Der Windelbauer lacht: »Warum? Bist leicht du epps anders?«
Und der Michel stupft die Reiserbuben: »Dee zwee Fliagnfanger aa scho! Dee arma Hund, dee arma!«
Auweh! Jetzt hat er das Häflein zu voll gegossen! Jetzt läuft's über! Die Reiserbuben stürzen sich gleich wilden Hunden auf die beiden Spötter.
»Was habts gsagt? Hund habts gsagt! Handwerksburschen habts gsagt! Fliagnfanger habts gsagt!«
Und schon dreschen ihre Fäuste auf die beiden los, daß es nur so kracht. Und der Lenz schiebt auch die Händ' nicht in den Hosensack; der drischt auch mutig und tapfer mit und schaut nicht lang, ob er einen von den Sprüchmachern unter seiner Faust hat oder einen von den Reiserbuben.
Der Moserbauer fährt fluchend und scheltend darein: »Ja Himmelherrgott! Auseinander, sag i! Ös waarts mir no die rechtn! Solcherne Hallodri kunnt i no braucha auf mein Sach! Ausanand sag i und marsch weiter! Sinst kann sei, daß i mit der Goaßel kimm!« Die Moserbäuerin aber springt erschrocken vom Kanapee in die Höhe, ruft alle Heiligen an und läuft zitternd und zagend davon.
Unter solchem Geräufe ist es kein Wunder, daß alle miteinander die Ankunft eines Schlittens überhören, dem zwei saubere Burschen entsteigen – die beiden Söhne des Posthalters von Kreuth.
Und daß sie übersehen, wie die beiden Mosertöchter den Burschen entgegenlaufen, wie sie sich tätscheln und kosen lassen und tun, als wären sie der lautere Zucker!

So kommt es denn, daß plötzlich die Tür der Stube aufgeht und daß das Gelächter der vier so laut und vergnügt zwischen die Raufenden fährt, daß die ganz erschrocken auseinanderrumpeln und an die Tür stieren.
Ja – das ist ja – das sind ja . . .
»Da san meine Dirndln«, sagt in dem Augenblick der Moserbauer wieder ganz friedlich und vergnügt, »und da san meine zwee Tochtermanna. Zu der Hochzat seids alle mitanand eing'laden. – Soo, und was is's jetz mitn Stierkaibe . . . und mitn Heißen . . . und mitn Samawoaz . . .«
»O du Erztropf, du miserabliger!« denkt der Schneithubermichel.
»I pfeif dir auf dei Kaibe!« murmelt der Lenz.
Und: »Geh ma . . . sinst vergiß ich mi . . .«, sagt der eine Reisersohn zu seinem Bruder.
Der Windelbauer aber seufzt: »Teife, Teife! Jetz kann i dem Hanswurschtn, dem Heimerl, sei Hypothek aa net zruckzahln! – Der Geldsack kimmt halt allemal wieder zum Geldsack, da kannst macha, was d' willst . . .«
Und er folgt zähneknirschend den andern und schlägt die Haustür zu, daß alles knallt.

Die Scheidung

Die dicke Wildmoserbäuerin steht fuchsteufelswild am Backtrog und werkt und brummt, daß es schier nimmer anzuhören ist: »Aus der Haut kunntst fahrn mit dem Mannsbild! Nix mehr kannst eahm recht macha! Den ganzen Tag derfst an dir umanandgrandeln lassen, und nix anders hörst nimmer, als wia: Da muaß mir wieda a neue Ordnung einakemma in dees Haus! – – Vo mir aus! – Soll er toa, was er mag! I tua nimma mit mit dera Ordnung! I geh und laß mi scheiden, bals no lang a so weitergeht! –«
Sie knetet und bearbeitet den Brotteig mit einer solchen Wut, daß man meint, sie hätte einen Todfeind unter den Fingern. Und dann plärrt sie: »Mariedl! – Ja, moanst net, daß d' jetz bald zuawa gehst? – Siehst net, daß d' mir no Wasser zuaschütten muaßt zu mein Toag? – Kannst du net dableibn, bal ma di braucht, du Lalln, du zahnluckete!«
Die also Angeredete kommt gemächlich zur Kucheltür herein. Sie ist des Wildmosers Stall- und Hausdirn; zwanzigjährig, dick, rothaarig, pichig vor Schmutz und faul. Und dazu immer gut aufgelegt. Ihr zahnloser Mund lacht den ganzen Tag.
Auch jetzt, da doch die Wildmoserin vor Zorn schäumt, lacht sie!
»I bin ja scho da, Bäuerin!« sagt sie gemütlich. »Was schreist denn a so?«
Die Wildmoserin arbeitet giftig mit beiden Händen den Brotteig ab.
»Was i schrei, fragt s', die Molln! Was werd i schrein? Wei's wahr is! Weilst net zuawa gehst! Weil's nimmer zum Aushalten is in dem Hauswesen herin! Weil unseroaner der Garneamd ist, seitdem daß anderne 's Mäu offa hab'n bei ins! – Weil mir dees Militare daherin zwider werd! – Was is's jetz mit 'n Wasser? – – Rindviech! Muaßt

mir's jetz wieder über d' Füaß schütten, anstatt über 'n Toag!«

Die Mariedl lacht immer noch. Aber auf ja und nein hat sie die schönste Ohrfeige mitten im Gesicht und muß eiligst hinaus an den Röhrlbrunnen, um sich den Teig von der Wange zu waschen.

In diesem Augenblick ertönt eine herrische Stimme aus dem Stall: »Mariedl! Weibsbild, langweiligs! Soll i dir eppa no zehnmal schrein?«

Das ist der Wildmoser, gedienter Hottolerist und Mitglied des Bauernrats. Er war vier Jahre draußen im Krieg und ist jetzt wieder daheim, um eine neue Ordnung hineinzubringen in den »Saustall«, wie er sagt, in die »Weiberwirtschaft, in die gottverfluchte!« Das wär ja die rechte Komedie! Sie, die Wildmoserin, hätt die Hosen an, und er, der Wildmoser, müßt sich kuschen wie sein Hund, der Tyras! Und dieses Frauenzimmer, die Mariedl, tät, was sie wollte! Aber gnade Gott! Allen miteinander gnade Gott!

Er herrscht die Stalldirn wütend an: »Obst net hörst, frag i? – Obst net woaßt, daß d' Ochsen no koa Gsott habn und d' Kaibe'n koan Trank? Ob heunt der Saustall morgn ausputzt werd und der Hennastall überhaupts net?«

Die Mariedl wischt immer noch mit der härwenen Schürze in ihrem Gesicht herum, während sie ein paar Schritte gegen den Stall zu macht. »Ha, moanst?«

Der Bauer steht drohend unter der Stalltür. »Ja, ha, moanst! Muaß i dir Füaß macha?«

Die Dirn tut gekränkt: »Nnoo! Was plärrst denn gar a so? I bin ja scho da! Was geiht's denn?«

Und da der Wildmoser seine Fragen wegen der Stallarbeit wiederholt und dabei immer drohender wird, meint sie: »Tua nur net so schiach! Es is scho recht nachher! I kann mi net z'teiln. Jetz muaß i z'erscht *ihr* helfa beim Brotbacha.«

Damit will sie wieder kehrtmachen; aber ehe sie's bedenkt, fühlt sie schon einen derben Stoß in den Rippen und eine Faust im Genick.

»Dein Stall versiechst jetz, sag i!«

Die Mariedl ist beleidigt. »Du bist aber amal grob!« sagt sie. »Packst oan glei, als wia wann ma a Engländer waar oder a Pandur! Da wundert's mi net, daß si' insa Bäuerin scheidn lassen will vo dir!«

»Was!?« – der Wildmoser horcht auf. »Was sagst da? Sie will si' scheidn lassen? – Vo mir?«

Die Dirn tut mitleidig: »Gell, da schaugst! Hast eppa gmoant, vo wem andern? Naa, naa! Sie mag di nimmer, hat s' gsagt. Zwegn deiner Militare. Ja, ja. Jetzt gib i dee Kaibei 's Trank.«

Weg ist sie. Und der Wildmoser kann schauen, wie er zurechtkommt. Er geht nach der Kuchel und bricht einen Streit vom Zaun: »Hast du koa anderne Zeit zum Brotbacha als wie jetz?«

Aha. Die Bäuerin fährt herum: »Warum? Kümmert's di epps?«

Ihr Eheherr lacht wild: »Ob's mi epps kümmert! Moanst leicht, du hast no dein Russen vor dir oder sinst oan vo deine Knecht?«

Sie formt zornig einen Brotlaib. »I moan gar nix. I moan grad dees: Balst da draußen in dem Kriag nix anderschts net glernt hast als wia 's Grandeln und 's Kommandiern, nachher hast net viel profitiert. Nachher hättst gar net auße z' geh braucha.«

»Oder nimmer hoam, moanst! Gell ja! Sags nur!«

Die Bäuerin tut bockig: »Ja no. Dei Getua werd mir scho rechtschaffa zwider.«

»Aha. Brauchst es grad sagn!« schreit er jetzt. »Dees woaß i scho, daß dir der Ruß liaber is wia i! Daß d' alloa d' Herrlichkeit habn möchst da herin!«

Sie stupft die Brotlaibe mit dem Besen und drückt das Model mit dem Namen unsers Herrn darein.
»I will gar nix. I sag grad so viel und net mehra: Vier Jahr hab i alloa dein Hof derhalten ohne dein ewigen Dischbetat, und es is umganga ...«
»Und da moanst, soll ich jetz aa hingeh, wo i mag. Jawohl!« – Er muß sich schier niederhocken vor Grimm, der gute Wildmoser! – »Aber, daß d' es woaßt: I geh net! I bleib, wo i bin. Und i bring a neus Regiment eina. Und wems net paßt, der kann ja geh'!« – Hei! Ho! Das schlägt ein und zündet auch gleich, wie ein Donnerwetter in den Hundstagen.
»A so moanst!« sagt seine Wildmoserin ganz heiser. »I soll geh? – Guat. Is mir aa recht. Geh i halt. Glei, auf der Stell. Heunt no mach i's advikatisch, daß i geh. Daß mir zwee firti san mitanand.«
Und sie läßt wirklich die Brotlaibe liegen und rennt aus der Kuchel.
Und droben in ihrer Kammer legt sie das Feiertagsgewand an, setzt das seidene Kopftuch auf, tut sechs Eier und ein Stück geselchtes Fleisch als Wegzehrung in den Handkorb und geht wirklich, nachdem sie noch aus dem Geheimfach ihres Kleiderschranks einen Beutel mit Gold- und Silbergeld zu sich genommen hat.
Geradenwegs nach München fährt sie – zum »Advikat«. Der fragt höflich, was sie will.
»Scheiden lassen!« erwidert sie kurz. Und da der Anwalt ungläubig dreinschaut, wiederholt sie es: »Scheiden sollst mi vom Wildmoser. I will habn, daß mir zwee ausanandgschriebn werdn.«
»Hast an Grund aa?« fragt der Anwalt. Worauf sie meint: »Naa, den hat er ghabt. I hab grad's Geld einbracht.«
Nein – einen Scheidungsgrund! – Ob etwa *er* mit der Stalldirn was gehabt hätt? Oder mit der Kuchelmagd?

Die Bäuerin muß lachen. »Mit dera Molln, mit dera zahnlucketn! Naa, mei Liaber. Da kennst mein Alten schlecht! Naa, naa. I laß mi grad zwegn dem Militare scheiden. Weil mir dee Kommandiererei zwider werd. Weil i aa ohne den Grobian weiterhausen kann. A so is. Jetz woaßt es, und jetz schreibst mirs!«
Sie ist fertig. Aber – schaut mir einer diese Advikaten an! Er sagt, das geht nicht! Das wär kein Grund nicht! Warum gehts nachher bei den Stadtleuten? Was die können, das kann sie auch, die Wildmoserin! Wär ja noch netter! –
Aber er mag nicht. Er sagt, daß es bei ihr leicht ein Jahr dauern könnt und noch länger, und daß es dann ein schönes Häuflein Geld kosten tät! Und kompliziert wärs auch!
Jetzt wird sie aber wild, die Bäuerin: »Was? A Jahr lang soll i dees Fegfeuer no aushalten? – Mei Liaber, bal i dees Hauskreuz no a Jahr schleppen muaß, nachher kann i's aa no länger schleppen. Und bal mi dees aa no an Haufa Geld kost't, nachher mag i net. Und überhaupts: dees schöne Sach z'teiln und vo mein Hof und vo meine Viecher weg! Naa, mei Liaber. Da soll si nur *er* scheiden lassen. I net!« –
Und sie legt dem Anwalt ihre sechs Eier und das Geselchte auf den Tisch als Zahlung und fährt wieder heim zu.
Und am andern Tag geht auf dem Wildmoserhof das Leben seinen gewohnten Gang – wie ehedem vor dem Krieg.

Die blaue Krugel

Dem alten Kronawitter seine einzige Tochter lag im Kindlbett.

Aber es war kein Stammhalter und kein Nesthockerl, das sie in dies armselige Dasein hergesetzt; vielmehr ein ganz unliebs und überflüssiges Bälglein, das keiner gerufen zum Kommen und keiner begrüßen und mit einem Ehrentrunk feiern mocht.

Und so kam es, daß der arm Wurm, kaum er den ersten Lufthauch dieser Erdenwelt verspürt, ihn gleich also kalt empfand, daß er nicht mocht darin weiterschnaufen, sondern vielmehr sich die Engeleinsfittich an die Ärmlein hing und dahin flog, wo solcher Unglückshascher schon mehr verweilen. Und, wie es schon sein mußt: hatte das Kindl bei den Kronawittern durch sein Kommen nicht viel Ehr aufgehoben, so mocht ihm jetzt bei seinem Hingehen auch kein Hahn gern nachkrähen; die Barbara, seine Mutter, wischte sich so ein drei, vier Zähren aus den Augen, zog ihm ein steif gestärktes Totenhemdlein an und sagte: »Waarst guat da gwen – aber bist aa guat aufghebt a so. Wer woaß's, was no wordn waar mit dir.«

Und der alt Kronawitter zimmerte selber das Trüchlein und meinte dabei: »Herrvergeltsgott, daß's gstarbn is, dees Wurm. Liaber a tote Schand wia a lebendige.«

Und da er die winzige Ewigkeitswiegen vollendet hatte, nahm er eine von den blauen Steinkrugeln aus der Speis, schwenkte sie im Brunnengrand und holte drunten beim Lebzelter den Totenschnaps. Denn man kunnt doch nicht wissen, ob nicht die Neugierd zum Leichenbeten käm oder auch die Freundschaft des Kindsvaters, der als schwerer Reitersmann irgendwo im Frankreich stand, indes seine Mutter als Austraglerin bei einer schlechtverheirateten Tochter ein elendigs Dasein führte.

Also war beim Kronawitter eine Leich im Haus, hübsch aufgebahrt, zwischen Geranien und blühenden Menschenlebenstöcken, als sich draußen im Stall was riegelte.
Da lag die Blaßenkalm schon seit drei Tagen, tränend, brüllend und tauchend – und der Tierarzt sagte: »Abwarten.«
Man hatte den Sixenbauern geholt, einen erfahrenen und gescheiten Mann; aber auch der wußte nichts zu sagen als: »Abwarten, was kemma muaß, dees kimmt scho.«
Und nun, grad um die Zeit, da man die Leichenbeter jede Stund erwarten kunnt, kam der alte Kronawitter aufgeregt aus dem Stall in die Kammer seiner Tochter Barbara und rief: »Wabn, geh abe zu der Loach; – i glaab, jetz kalbets, d' Blaßen!«
Die Wabn fuhr eilends in den schwarzen Spenzer.
»Ja ha! – Naa, wias nur sein kann! Just jetzand, wo ma si für d' Freundschaft richtn sollt! Ja, meine Zeit, i wer dir net viel helfa kinna, fürcht i!«
Sie kroch langsam in ihrer Schwäche und Mattigkeit hinein in die Stube.
Der Kronawitter aber rannte zum Nachbarn.
»Brandl, geh, i hätt a Bitt an di! – Schaug – so und so – kurz und guat – no ja, a Kaibe kimmt, und i bin ganz alloa.«
Und dachte dazu bei sich: »Herrgott! Wenn halt mei Kronawitterin no lebn tat, ... oder wenn meine Buam vom Kriag da waarn ...«
Der Brandl besann sich hin und her, druckte lang herum und zeigte nicht gar viel Lust zum Helfen.
»Ja no ... ja mei. – Wenn i nur besser Derweil hätt! – Aber jetz sollt i Streu haun – und Klee maahn – und Heu hodern ...«
»Und mir verkalbet derweil mei Blaßen!« sagt der Kronawitter bitter, kehrte der Brandltür den Rücken und dachte:

»Kimmst scho aa amal um a Gfälligkeit; aber nachher wart! – Moanst, i woaß's net, warum daß d' net magst! – Loder, fader! – – –
Ja, ja – die Barbara! Es is nur guat, daß der Hascher glei selber so gscheit war und gangen ist!« –
Er lief heim ins Haus und in den Stall. –
Aber – da stand schon die alt Weberin, die künftige Schwiegermutter seiner Barbara, und sie werkte und schrie wie ein Roßknecht, indes die Wabn matt und fiebernd zugriff, um dem wie tot daliegenden Kälblein zum Leben zu verhelfen.
»An Sechter voll Wasser her!« schrie die Weberin grad. »An Strohwuschel her! – Schaug, daß d' Kuh in d' Höch bringst! – Wüh! Alte! In d' Höch, sag i! – Giaß eahm halt a kalts Wasser in d' Ohrn! – Her da! – Jetz wischst 's Kaibei trucka! – Nur schnell a bißl! – Sakra, wann sa si nur rührn tat! – Habts koa Dreikiniwasser da? – Oder an Weichbrunn? – Herrgott, der Kronawitter! – Da bist ja!«
Sie schnaufte erlöst auf.
»Weilst nur da bist! – Wiast nur hast furtgeh mögn, wo 's so gnau gstanden is! – So was durft bei ins dahoam net vürkemma, dessell sag i dir scho! – Hast jetz 's Dreikiniwasser, Wabn?«
Sie wischte und rieb immer noch am Kalb, indes der Kronawitter sich um die Kuh bekümmerte und sie auftrieb.
»Du hast leicht redn, Weberin!« brummte er: »I renn umanand, daß mir oana helfa tat – und es geht mir koana zuawa. – Und warum? – Grad zwegn dein Buam! – Grad zwegn dera Schand da!«
Die Barbara trat wankend mit einer blauen Steinkrugel in den Stall.
»Da is a Dreikiniwasser!« sagte sie müd. »Der Vetter, der Hausl und die drei Sixnbuam san zum Betn da.«
»Red net lang! Her da, sag i!« rief die Weberin, welcher

grad eine grobe Antwort für den Alten auf der Zung lag, die sie aber lieber wieder hinunterfraß in Anbetracht ihres Sohnes, der ihr zu einem jungen Kronawitterbauern wie geschaffen deuchte.

Und sie riß der Wochnerin die Krugel aus der Hand und goß dem Kälblein die ganze Lache über sein gruselgelbes Fell, indes der Kronawitter brummte: »Ja no nachher, balst moanst, daß du Herr bist in mein Stall – nachher konn i ja geh.« Worauf er in die Leichenstube ging, die Freundschaft und die Neugierd begrüßte, aus dem Küchenschrank die schillernden Schnapsgläser holte und aus der Speiskammer die blaue Krugel mit dem »Leichenbitter«.

Derweil saßen die andern drin auf der Ofenbank, flüsterten über das Kindl, über die Barbara, über die Schand – und über den Alten, der sich samt seiner Tochter nicht ein kleins wenig schämt'.

Da kam er mit der blauen Krugel und den Gläsern.

»Alsdann, meine liabn Freund und Leitln; indem daß ös mir die Ehr oto habts und seids kemma nach dem alten Brauch – so is's billig und recht, daß i enk a bißl aufwart mit an kloan Kirschwasserl!«

Er stellte die Gläser aufs Fensterbrett und schenkte ein.

»Alsdann. Jetz trinkts amal: auf di ewi Seligkeit von dem Kloan – und auf a gsunds Hoamkemma von sein Vatan, auf daß mir nachher bald an Hochzatstrunk austeiln kinna.« Jeder setzte eine ehrwürdige Miene auf, und eins ums andere trat ans Fenster, nahm sein Glas und führte es an die Lippen.

Und der Vetter sagte: »Kronawitter, du woaßt es a so, was i sagn möcht – und was insa Wunsch is. – Sollst lebn – dei Wabn danebn – der Kindsvater bring enk a Freud – und 's Kindl hab d' Seligkeit!«

Und dann tranken sie.

»Pfui Teixel!«

»Kreuzsakra!« – Das war ja Wasser! – Altes, leeres, moderiges Wasser!
Der Kronawitter fiel vor Schreck und Verlegenheit so auf die Ofenbank, daß sie krachte.
»Ja Himmelherrgott . . . was hat mir denn die alt Hex da für a Gift gebn? . . .«
Im selben Augenblick kommt die alt Weberin fuchsteufelswild zur Stubentür herein und schnappt nach Luft.
»A saubere Tochter hast! – Moanst, daß i mein Buam an a sechane hergib! – Mir waars ja grad gnua!« –
Und damit ist sie auch schon wieder draußen.
Krachend fliegt die Haustür zu.
Der alte Kronawitter starrt ihr blöd nach, wie sie an den Fenstern draußen vorbeirennt und mit den Armen fuchtelt.
Indes die Leichenbeter entrüstet einer nach dem andern das Kindl mit Weichbrunn besprengen, dem Alten ein grobs Wort hinsagen – vom Leutderblecken und für den Narrenhalten reden – und sich davonmachen.
»Da hört sichs auf! – A Wasser!«
»Zu der Schand, wo ma hat in der Freundschaft – aa no dees Gspött!«
»Zu dem gehn mir glei wieder Leichenbetn!«
Beim Kronawitter im Stall aber lag ein scharfer Geruch von Kirschgeist; und die Barbara hockte bei dem Kälblein auf dem Stroh und sagte: »Jetzt is's scho, wia's is. 's Kindl hätt er alleweil nimmer lebendi gmacht, der Schnaps – und 's Gspött nimmer tot.
D' Hauptsach is, daß i die alt Raffel net zu meiner Schwieger krieg!« – – –

Die Hochzeiterinnen

Hans Ulrich, dem Kreutweber von Lindach sein ältester Bub, ist aus dem Krieg als der einzige heimgekehrt, heil und gesund, gerad so, wie er hinauszog vor Jahr und Tag. Und nun, da er wieder daheim sitzt bei seinem Vater, dem alten, halbtauben Kreutweber, da er wieder die alte pichige Lodenjoppe trägt, da fällt ihm ein, er könnt sich justament um eine Hochzeiterin umschauen. Um eine, die ihm die armseligen Werkeltage seines Daseins ein bissel in Sonntage umgestalten würde. Die ihm soviel einbrächte, daß er sich auch einmal an einem andern Tag, als gerad an dem des Herrn, ein kleines Räuscherl vergönnen kunnt. Denn er liebt den Trunk zur guten Stund und noch mehr zur schlechten gleich seinen Vorfahren. Und so hockt er denn bei seinem Alten am Webstuhl und betrachtet eine Weile stumpfsinnig die geschäftigen Hände und Füße des Webers, der gerade Seihtücher für die Milcheimer der reichen Leinthalerin webt und dazu allerhand gurgelnde, pfeifende und lachende Töne ausstößt. Denn obgleich er schier taub ist, so singt er doch immer noch gern die Lieder seiner Burschentage. Das Gehör verlor er ja erst anno siebzig als Kanonier bei Sedan. – Also, sein Bub sitzt bei ihm und schaut ihm zu. Und dann stößt er ihn in die Seite: »He, Voda!« Der Alte lacht verschmitzt: »I siechs scho. Macht nix. Auf oan oder zwoa Fehler gehts net zsamm.« Sein Sohn schüttelt den Kopf. »Naa. Aufhörn sollst.«
Aber wieder lacht der Weber: »Dees glaab i! Freili mag i a Maß! Dees woaßt, Bua, 's Bier mag i alleweil.«
Da gibt er es auf, der Hans: »Ah was! Jetz dischkriert er vom Bier, bal i zwegn an Heiratn mit eahm redn möcht!«
Und erzürnt schreit er dem Alten ins Ohr: »Nix Bier! A Hochzeiterin brauch i!« Diesmal versteht ihn der Vater eher. »Ja so! A Hochzeiterin woaßt mir?«

Der Hans lacht laut auf: »Dees höretst gern, gell! Naa naa, mei Liaber! Nix vorhanden. *Haben,* sagt der Stummerl! – *Suacha* sollst mir oane. Verraten – mir!«

Jetzt hat er ihn ganz, der Alte. Aber er schüttelt lachend den Kopf: »O mei, Bua! Da bist irr! I woaß dir koane. I brauchet selm oane, di mi a bissl zsammfuattern tat und a weng aufwarma, bals kalt is.«

Mittendrin aber fällt ihm doch etwas ein: »Bist scho bei der Krankahausurschl gwen?« fragt er. »D' Urschl wisset dir doch gwiß a paar Weibsbilder, die wo für di passen! Für mi sans alle z' jung. I brauch epps Übertragns.«

Worauf der Hans meint: »Du brauchst überhaupts koane mehr. Bal nur amal i oane hätt! Soviel wirds mir nachher scho einbringa, daß du a epps davo profitierst.«

Der Alte hat ja die Hälfte nicht verstanden; aber er sagt doch recht zufrieden: »Recht hast, Bua!« und werkt darnach weiter.

Der Hans aber nimmt seinen Hut vom Nagel, sagt der alten Susanne, die dem Weber aus christlicher Barmherzigkeit das Hauswesen schlecht und recht versieht, Pfüagott und geht.

Sein Weg aber führt ihn kerzengrad zum Krankenhaus.

Da steht eben die Urschl, ein schier neunzigjähriges Weiblein, am Fenster ihres Stübleins und zupft die welken Blätter von einem Blumenstock.

Die Urschl ist sozusagen ein Erbstück des Hauses. Denn ihr Eheherr, Gott hab ihn selig, bestimmte, da er mit ihr kinderlos blieb, sein Haus zu einem Obdach für Kranke und Sterbende; unter der Bedingung aber, daß man sein Weib, die Urschl, zeit ihres Lebens darinnen belassen und wohl halten müsse.

Die Urschl nun weiß alles, was rings in der Welt vorgeht. Freilich reicht diese bei ihr nur etwa die Spanne von fünf, sechs Stunden im Umkreis. Von denen aber, die diesen

Fleck Erde bewohnen, ist keiner, den sie nicht mit Namen wüßte; – er hätte denn keinen.

Dieses alte Weiberleut also soll nun dem Kreutweberhans eine Hochzeiterin verraten.

Deshalb putzt er vor der Haustür draußen seine Stiefel gut ab und stapft darnach hinein.

Gleich bei der ersten Tür klopft er an.

Und – richtig: »Gsegn dirs Good – der Kreutweberhans kimmt gar zu mir!«, so begrüßt ihn auch schon die Urschl.

Und fragt darnach: »Bist eppa marod oder feit dahoam epps?«

Nein, das wär Gottseidank nicht der Fall, meint der Hans. Er hätt einen ganz andern Schmerz, – das heißt, wenn sie es ihm nicht für übel nähm!

Aber die Alte lacht: »Ach beileib: Wia werd i dir denn 's Heiratn in Übel nehma! Bist ja no jung! Hast ja ganz recht!«

Der Hans reißt Augen und Mund auf: »Ja – wia kannst denn du wissen . . .«

Die Urschl lacht noch mehr: »Jetz wundert er sich! Mei, dees is do leicht zum derraten, was d' möchst! Du bist gsund, dei Voda is net krank – und enka Susann is aa heunt no in der Kirch gwen. Also – was kunnt da oana von der Urschl wolln? Natürli a Hochzeiterin!«

Der Bursch hat einen heiligen Respekt vor der Alten. Diese aber fährt fort: »Siechst, und i woaß dir aa oane. – Naa, zwoa. – Halt – naa, drei woaß i dir. Paß auf: die erscht is d' Noimerzenz vo Kreiz. A weng bollisch und zwider. Aber achttausad March glei und no amal soviel darnachst. Daß s' den oan Hax a weng nachziagt, dees woaßt ja.« Jawohl. Der Hans weiß es. Und er rechnet: »No mal soviel, dees san sechzechatausad March. Und acht dazua is vierazwanzg. Der Hax tat nix macha, und 's Bollischsein treibet i ihr bald aus. Aber ob s' halt Kreutweberin werdn will . . .«

Indessen fährt die Urschl fort: »Und da is no d' Wimmerlies vo Haslach. Bildsauber, brav und riegelsam. Kennst es ja selm. Wird aber kaam mehra als wie viertausad March mitkriagn. Bals es kriagt. – Und nachher is no da die buckelt Schneiderresl vo Münster. A weng übertragn, – i glaab, fünfadreißig Jahr is s' alt; aber Geld is da. Ausgmachts Heiratguat dreißgtausad March. Und 's Haus. Die Alt mußt halt in Austrag nehma. Aber sie is guat habn. – So – und jetzt woaßt es.«

Jawohl. Jetzt weiß ers, der Hans.

Und er denkt gar nicht lang an die brave Wimmerlies; er läßt auch die Noimerzenz wieder fallen und sagt: »Aha. Dreißgtausad. Und die Alt im Austrag. Aha. – Wie alt is jetzt d' Schneiderin? – Bald siebazg, sagst? – Aha. – No ja. – Jetz werdn mirs nachher scho sehgn. I sag dir halt derweil an scheen Dankgood. – Und mei Schuldigkeit werd i scho bereininga, bals epps werd mit oana. Und jetz pfüate.« – Die Urschl streckt ihm die Hand hin.

Aber nicht zum Abschied! – Nur ein etlichs paar Mark wenns wären! Weil man so viel Hunger leiden muß in dem Haus! – Es ist nicht leicht, einem Bauern den Geldbeutel aus dem Sack zu locken; aber die Urschl bringt es wahrhaftig fertig, daß ihr der Hans am End drei schmierige Papierfetzen in die Hand legt als Aufgeld für den Schmuserlohn, den sie für ihre Vermittlung zu kriegen hat. –

Nach diesem Abschied aber rennt der gute Hans nach Haus, als hätt er Flügel an den Stiefelsohlen!

»Ja, Himmelherrschaft! Dreißgtausad und 's Haus! – Ja, scheener kunnts ja gar net geh'! – Was kümmert mi der Buckel und die Alt! – D' Hauptsach is, daß s' einschlagt. Und einschlagn tuats, dees woaß i. – Herrschaftseiten, dees Glück! I lach ja die ganze Welt aus! Juhu!« –

Juchzend tritt er daheim in die Wohnstube.

Doch – was sieht er! –

Da sitzt am Tisch ein ihm gar wohl und gut bekanntes Weibsbild, – die Annemirl vom Simmerbauern!
Und auf ihrem Schoß tummeln sich zwei Büblein, so an die vier Jahr alt – seine eignen!
Hei, da fallen ihm plötzlich alle seine Todsünden ein, auf die er doch so gern vergessen hätt.
»Himmellaudon!« denkt er: »Akrat jetz, wo mir epps Rars einstand ... jetzt muaß *sie* dahocka!«
Dem Hans wird ganz schwül: »Annemirl ...«
Aber die Annemirl nimmt ihre beiden Buben vom Schoß und sagt: »Da schaugts, da is er ja, der Ata! – So, jetz gehts nur glei schee hi zu eahm und sagts eahm Grüaßgood!«
Und sie hilft ihm aus aller Not und Verlegenheit, indem sie sagt: »Gell, hättst bald vergessen auf uns drei! Aber mir rührn uns scho, woaßt!«
Ah so! Sie ist bloß wegen dem Kostgeld da! Der Hans beeilt sich, zu fragen, was er zu zahlen hätt. Er möcht gern die Geschicht in der Ordnung haben, bevor er heiratet ...
Aber die Annemirl unterbricht ihn: »Ja freili! Sinst nix mehr! Wirst dir jetz no lang Unkösten macha, wenn darnach doch alls aus *oan* Sack geht! – Mir werdns aa so derfüttern, die zwoa; und übrigens hab i auf Lichtmeß mein Platz aufgebn. I bin jetzt lang gnuag Stalldirn gwen. Jetzt möcht i amal a Zeitl als Kreutweberin hausen. Meine Papiere hab i dabei – dein Vodan is's recht, also – bals dir aa recht is, kinnan mir morgen scho zum Herr Pfarrer gehn! ...«
Wenn's ihm recht ist!
Ja, Himmelherrgott! – Dreißigtausend wärens gewesen! – Aber da stehen ein paar Bürscherl vor ihm und sagen »Ata«!
Je nun! Es wird ihm wohl recht sein müssen! – Trotz der drei Mark Aufgeld und der reichen Hochzeiterin! – – –

Der Guldensack

Die alte Kramerschusterin richtete ihrem Sohn, dem Martl, die Hochzeit zu.

Und da es ans Richtigmachen ging, ließ sie den Braunen vor das Gäuwagerl spannen, zog ihr Feiertagsgewand an und sagte: »Alsdann, Martl, jetzt fahr ma zum Notar, daß er mir mein Austrag schreibt.«

Der Martl meinte freilich, dies wär' doch nicht notwendig bei einem Sohn, wie er einer sei; und auch seine Hochzeiterin, die Brunnfärberlies, pflichtete ihm darin bei und sagte: »Zu was an Notare! Mir san do koane Rauber und koane Spitzbuam! Mir woaß do selm, was si g'hört! Bei ins geht's enk gar nia schlecht, Muatta.«

Aber die Kramerschusterin lachte bloß ein seltsames Lachen und erwiderte nichts weiter als: »Die weißen Haar und der Schimmel am Brot wachsen, bal d' Kinder Herr werden. – Bevor ma si net niederlegt, soll ma si net ganz ausziagn. Kunnt mir leicht aa geh' wia mein Baserl, der alten Windlsusann, oder mein Vettern, an Schimmelkaschban vo Kreiz.«

Ach ja – der Schimmelkaschber!

Das mag jetzt leichtlich an die fünfzig Jahre her sein; da kam dem Kaschber ein neues Regiment ins Haus.

Sein einziger Bub, der Simmer, hatte ihm eine Hochzeiterin heimgebracht: die Lebzelterannemirl.

Und da dem Kaschber sein Buckel sich gemach krummte wie der Stamm des alten Zwetschgenbaumes vor seiner Haustür, da er auch seinem guten und rechtschaffenen Handwerk, der Schuhmacherei, nimmer so nachgehen konnte, wie es notgetan hätte, so legte er Ahle und Zwirn beiseite, zog den pichigen Schaberer aus und meinte:

»Ja no, in Gottesnam. Muaßt halt du weiterwerka, Simmer. Du hast es ehnder im Kreiz und in die Arm, daß d' an Pechdraht durchziagst durch Oberleder, Brandsohl'n und Sohlleder, daß aus dera Dreifaltigkeit a feste Dreieinigkeit wird. Heirat dei Annemirl und haus guat. Mei' Geld und mein Seg'n sollts hab'n.«

Heißa! Da gab's eine lustige Hochzeit und einen fröhlichen Einstand!

Und des Lebzelters Annemirl wurde eine gar riegelsame Schimmelschusterin und war so honigsüß mit ihrem Schwiegervater, grad wie ein Metränklein oder ein Zukkerzelten aus ihres Vaters süßer Werkstatt.

So mag's auch gekommen sein, daß der gut' Schimmelkaschber willig und zufrieden in seine Austragskammer zog, daß er schöne Wort für bare Münz' nahm und sich an den Ofen setzte, eh' er ihn geheizt hatte. Daß er sich seinen Ausbeding weder verbriefen ließ noch siegeln.

Und da ihm seine Annemirl die schöne, große Kammer neben der Stube einrichtete, da sie ihm gleich am ersten Tag nach der Hochzeit seine Leibspeis' kochte, da dachte er nicht daran, daß es mit dem Kinderdank und der Kindeslieb' geht wie mit dem Stamm eines Fichtenbaumes: Je mehr er sich in die Läng' zieht, desto magerer wird er – und zuletzt hört er ganz auf.

Wohl hatte ihm sein Vetter, der Pfarrer von Michelsberg, gut geraten und hatte gemeint: »Tu dich versorgen! Das Gute, was d' den Kindern gegeben hast in Heuwägen, das werden sie dir vergelten in Fingerhüten!«

Alles es half nichts. Der Tag erschien dem Kaschber freundlich, und so vergaß er auf den Abend. –

Da geschah es, daß die Annemirl krank wurde – daß man eine Wiege in die Stube stellte – daß ein Schimmelkaschberl und ein Simmerl zugleich kamen!

Und ein Jahr darauf eine Annemirl. Und darnach noch drei – vier.

Und dann kam der Tag, wo die Schimmelschusterin zu

dem Alten sagte: »Vater, jetz brauch' i enka Kammer. Ös könnts ja dees hintere Kammerl für enk nehma. An Knecht oder a Magd werd'n mir ja do' net dinga.«
Ja, ja. Da kam der Kaschber in die Magdkammer.
Bald darauf gab's wieder eine Änderung, indem der Simmer nämlich meinte: »Wia wär's denn, Vata, wennst von morg'n ab hint in deiner Kammer essen tatst? Da am Tisch is gar koa rechter Platz nimmer für di'! San ma eh scho achte oder gar neune!«
Und dann wurden sie ihrer zehn; und die Hennen legten doch im Tag bloß neun Eier, und die Kühe gaben bloß für neun Personen die Milch – und der Simmer verdiente bloß für neune die Kreuzer zu Fleisch und Bier!
Da sah es denn bald gar armselig und mager aus bei dem alten Schimmel; und er wär' froh gewesen, wenn ihm der Schreiner endlich hätt' das Maß nehmen mögen zu seiner letzten Truchen.
Am End' vergaßen sie auch noch, ihm seine Kammer zu heizen, und da man gerade einen harten Winter hatte, so durfte der gute Kaschber nicht einmal mehr eine Zähre aus den Augen fallen lassen, denn sie wär' ihm leichtlich an die Wange gefroren oder in den Bart.
In solcher Not und Armseligkeit gedachte nun der alte Schimmel seines hochwürdigen Vetters, des Pfarrers von Michelsberg.
Und da er den festen Glauben trug, daß dies der letzte Winter wär', der ihn auf dieser armseligen Erdenwelt schinde und zernigle, daß der Auswärts ihm wahrscheinlich nur noch das schwarze Erdhäuflein über seiner Totenkammer ein wenig erwärmen und mit Gras und Blumen schmücken würde, so bedachte er bei sich: »Es ist wohl besser, ich bring' auch mit dem da droben mein' Sach ins reine; wer kann sagen, wie's geht, und nix G'wiss's weiß der Mensch nit.«

Also ließ er sich eines Tages von einem Fuhrwerk aus Michelsberg mitnehmen und suchte seinen Vetter auf, um ihm zu beichten und dem Herrgott seine Rechnung zu bezahlen. Daheim, bei seinem Sohn, dem Simmer, herrschte darüber große Freude. Hatte man doch endlich die gewisse Aussicht, daß einmal ein Beschluß herging mit dem alten Fresser – dem Hausbettler, dem notigen!

Das Bißlein, was der an barem Gelde eingelegt hatte ins Geschäft, das hatte er wohl leichtlich schon ein dutzendmal verzehrt! Und umsonst, heißt's, ist bloß der Tod – und der kost't 's Leben. Derweilen aber der junge Schimmelschuster und seine Annemirl sich auf das Absterbensamen ihres alten Vaters freuten, kam der nach abgetaner Buß und Beicht mit der Postkutsche wieder daheim an, kreuzvergnügt und schnackerfidel, ging ohne einen Grüßderhimmel in seine Kammer und riegelte sich dorten ein.

Schob auch noch die Vorhäng zu an Fenstern und an der Tür, zog ein artig's Säcklein aus der Joppe und leerte es schmunzelnd auf den wurmstichigen Tisch.

Heißa! Das klirrte und klang – das gleißte und glänzte!

Und der Kaschber begann zu zählen – ganz laut und jedem vernehmlich: »Fünfhundertfuchzg ... sechshundert ... sechshundertfuchzg ... sieb'nhundert ...«

Dazu strich er allemal ein Häuflein Gulden in die Hand und warf es in den Geldsack, wobei ihm aber des öfteren passierte, daß der eine oder ander Gulden über den Säckel sprang und klingend über den Boden rollte.

Was Wunder, daß dies die Jungen hörten und sich mit allen Fingern in den Ohren krauten, damit sie jedes Geräuschlein in des Alten Kammer desto feiner und gewisser unterscheiden möchten!

Aber es waren wahrhaftig gute Silbergulden, die da klangen und sangen. Und er hatte zugeriegelt! Der alte Tropf! Doch die Annemirl war nicht um einen guten Rat verlegen, und sie flüsterte dem Simmer in die Ohren: »Schick doch amal an Kaschberl eini, daß er eahm beim Aufklaub'n hilft! A Kinderbuckel biagt si leichter als a alter –«

Ei freilich! Daß ihm dies nicht lang schon selber eingefallen war, dem Simmer!

Also pochte bald ein Bubenfäustlein an die Tür des Alten, und der Kaschberl rief: »Großvata, mach auf! I möcht' helfen zum Aufklaub'n!«

Und da ihm der Alte willig auftat, konnte das Büblein gar bald davon berichten: »Lauter Gulden sands! Achtzehnhundert, hat er g'sagt, der Ahnl!«

Achtzehnhundert Gulden!

Der Tropf, der scheinheilige! –

Schon um die Essenszeit war die Annemirl vor seiner Kammertür.

»Vata! Geh', mögts net bei ins hervorn essen? Is gar so mentisch kalt heunt in der Kammer hinten!«

Ja, ja, er mochte!

Aber jetzt fing das Gefrage an.

»Der Kaschberl sagt ... von achtzehnhundert hat er g'red't ...«

»Wenn's g'langt«, erwidert bedachtsam der Alt'; »wenn's nur g'langt. I bin no net ganz firti mit 'n Zähl'n.«

Ja ... woher ...?

»Mei, dees hab i' die ganzen Jahrl her bei insan geistlinga Herr Vetter aufg'hebt g'habt. Aber indem daß i in Sinn hab', daß i mi' wo einkaaf ... in a Spital ... oder a Pfreimd ...«

»Jess' Maria! Vata! Du werst do' net! Die Schand' werst ins do net otoa! Daß 's hoaß'n tät, beim Schimmelschuasta hams eahnan Alten so schlecht versorgt, daß er si eikaaffa hat müass'n ...«

»Ja no. – Es wird mir halt do' guatding z'kalt da hinten in mein Kammerl. – Und hie und da a Fleischsuppen hat aa a jeder gern. – Und auf a scheens Eingrab'n schaug i aa. Wer woaß's, wias geht bei enk ... ob d' Not net scho so groß is bei enk, daß 's mi amal auf Gemeindekosten einscharr'n lassen müaßts!«

Achtzehnhundert Gulden! Und in die Pfründ! Das schöne Geld!

»Aber Vata! – Auf G'meindekosten! – Wo denkst denn hi! – Moanst, daß ma di net schee und mit alle Ehr'n eingrab'n tät'n!«

»Ja no – nix G'wiss's woaß ma net. – Dees müaßt i' halt scho' schriftli' hab'n ...«

O! Sie gaben ihm das schönste Begräbnis schriftlich – mit großen, steifen Buchstaben – und von beiden unterzeichnet!

Und er kam wieder in seine schöne Kammer, der alt' Kaschber, hatte es schön warm und aß, was ihm grad schmeckte, bis an sein selig's End', das ihm so um die Osterzeit beschieden war.

Schad', daß er nun dahin war! Daß er's nimmer erleben konnte und mit ansehen, was nach seinem Abscheiden geschah!

Da wurden Kästen geräumt und Truhen geleert, Laden umgestülpt und Schreine durchwühlt, Säcke und Taschen geprüft und der Strohsack aufgeschnitten.

Aber es fand sich nichts als ein verschlossener Brief, darin zu lesen stand:

An meine Kinder!

Dieweilen ihr Gulden sucht, werdet ihr Kreuzer finden. Denn die Gulden waren meines geistlichen Vetters Eigentum. Gut, daß er nicht nur Hirte ist, sondern auch ein Schelm. Und daß er aus mir auch einen gemacht hat.

Amen.

Der Schatz des Toten

Es ist um den Tag, da Maria übers Gebirge ging – Mariä Heimsuchung.

Und es sind heute grad zwölf Wochen übers Jahr, daß der Anderl, der Bub vom Sonnleithnerhof in Au, als vermißt gemeldet wurde.

Nun sitzt die alte Sonnleithnerin in der großen Eßstube und redet von ihm. Von ihrem Sohn, dem Träger ihres Namens, dem Erben des Sonnleithnerhofs!

Und weil heute auch die gesetzliche Frist der Vermißtenmeldung verflossen und die amtliche Todeserklärung erfolgt ist, sind auch die drei Sonnleithnertöchter gekommen: die Lisl, die Afra und die Nanndl.

Warum sie da sind?

Um die Schätze des Anderl zu teilen.

Denn was soll das schöne Geld und das Gewand, die Wäsche und all die anderen Dinge noch länger droben in der verwaisten Kammer liegen und hängen, da man sie doch so gut für den Eheherrn daheim brauchen könnt!

Zum Beispiel die Afra, die älteste Schwester des Anderl. Die sagt's ganz ehrlich: »Mei Mo, der Jakl, hat schier gar koa g'scheits Feiertaggwand nimmer. Wie leicht kunnt eahm da d' Muatta vom Anderl oans geb'n!«

Und ihre Schwester, die Lisl, meint auch: »I woaß 's net; lieber laßt 's die guat Wasch im Kommodkasten drob'n z'grundgeh'n, d' Muatta, als daß s' oan a Trumm oder zwoa davon geb'n tät!«

Und erst die Nanndl!

Wie die greint und brummt!

»Inseroana derf Tag und Nacht schinakln und arbatn, daß ma sich a kloans bisserl aus die Schuld'n außawerklt, und da droben liegt 's Geld haufaweis' in der Truch und dergrawt! Da kunnt jetz no viel dahinter sein, wann oan d'

Muatta mit a paar tausend Markl unter d' Arm greifen tät!«
Es hat also doch jede von den drei Töchtern Grund und Ursach genug gehabt, um heute, nach dem Gottesdienst und der Einkehr beim Schimmelwirt, die alte Sonnleithnerin heimzusuchen.
Und damit die Sache mehr Gewicht erhält, nimmt jede auch gleich ihren gestrengen Eheherrn mit.
Also sitzen sie beisammen und suchen nach einer Einleitung.
»Schee is's gwen heunt in der Kirch!« beginnt die Afra.
»Aber grad b'sunders viel san net zum Beichten ganga«, entgegnet ihr die Lisl, »für dees, daß d' Mariä Hoamsuchung is.«
Doch der Gatte von der Nanndl meint: »No, es is alleweil a scheena Haufa gwen! Und hübsch viel Mannsbilder.«
»Ja, ja. Viel Mannsbilder. A scheena Haufa«, wiederholt da die Alte. »Bloß mei Bua, der Anderl, is net dabei gwen.«
Und halblaut, mehr zu sich selbst gewendet, fährt sie fort: »Mei, wo mag er jetzt wohl sein, insa Bua?«
Aber ihre Kinder haben's wohl gehört.
Und da kommt sie ihren Töchtern gerade recht mit solchen Reden und Fragen!
»Wo werd er sein?« fährt die Lisl in die Höh. »Daß d' jetzt alleweil no net aufhörst mit dera Fragerei, Muatta!«
Und die Nanndl mischt sich auch gleich drein: »Mei, der liegt doch lang anorts wo eingrab'n da hint im Rußland! Wär viel gscheiter, du tätst a bißl mehra an uns denken als wia an Anderl!« Jawohl! Da hätte die Nanndl auch ganz recht! stimmen ihr die Mannsbilder bei. Man solle die Toten im Frieden lassen und sich lieber um die Lebendigen kümmern! *Dem Lebendigen gehört das Recht!*

Besonders, wenn auf der einen Seite der Überfluß sei und auf der andern der Mangel!

»Oder kannst du vielleicht sag'n, daß 's uns guat geht?« fragt die Afra herausfordernd.

Die Alte zieht an den Zipfeln ihres Kopftuches.

»I sag gar nix. I sag grad so viel und net mehra als: i gib nix her von dem Sach. Weil i net hab'n will, daß der Bua hoamkimmt und es is nix mehr da.«

Das ist freilich keine schöne Antwort für die sechs!

Und die Sonnleithnerin braucht sich nicht zu wundern über das, was nun kommt.

Der Jakl springt erregt in die Höhe: »Was? Du gibst nix her, sagst? – Wo die Gschicht amtli und grichtli und notarisch gmacht is, daß der Anderl tot is?«

Und der Michel von der Lisl tut auch nicht viel feiner!

»Nachher willst wohl die Fetzen aufsparn in alle Ewigkeit-Amen? Und unseroana soll derweil nackend in d' Hosen eineschliafa?«

Der von der Nanndl aber ist der gröbste.

Der steht auf und sagt: »Bal sie 's net guatwillig hergibt, nachher müassen mir 's ins halt selber nehma!«

Und er geht wirklich an die Tür!

Aber nicht weiter.

Denn dies ist nicht nach dem Wunsch der anderen

Ein jeder kennt ja das Gerechtigkeitsgefühl seines Nächsten. Daß der, welcher etwas erwischt, eben alles nimmt.

Und daß die andern dann das Nachsehen haben.

Darum will eben jeder der erste sein, der was erwischt.

Was hilft's nun, daß die Sonnleithnerin zetert und greint, jammert und schreit? Nichts.

Es geht an die Erbteilung. Die Kammertür muß daran glauben, daß hier ein Wille zur Tat ist, und die Kastentür auch.

Und da plötzlich jeder einen sauberen Anzug vonnöten

hätt und es jeden nach dem Besitz der anderen Herrlichkeiten gelüstet, so ist es leicht zu verstehen, daß bald bei dem einen, bald bei dem andern die Stiefelstöckel sich nach oben kehren und der Kopf nach unten – daß die Locken der Sonnleithnertöchter in der Kammer herumfliegen und die Silbertaler und Goldstücke auf den Boden rollen, daß aus der sauberen Stube des Anderl ein Kriegsschauplatz wird – ein Greuel der Verwüstung. – – –

Etliche Stunden nach dieser Erbteilung steht die alte Sonnleithnerin leise weinend vor dem Grabhügel ihres seligen Mannes und denkt: »Mei, wennst halt no da wärst. Nachher hätt dees net gschehng kinna. Wenn er halt no lebn tät, der Bua! Moanst net, daß er no lebt, Vata?« ... Indem sie so sinniert und langsam eine Zähre um die andere ihr Brusttuch netzt, ertönt aus der Kirche das Beten der Gemeinde. »Der von den Toten auferstanden ist ... Der uns den heiligen Geist gesendet hat ... Der dich, o Jungfrau ...« Der Rosenkranz. –

Da tritt ein Mann durch die Gottesackertür und sucht langsam die Reihen der Gräber durch, bis er plötzlich die Sonnleithnerin erblickt.

Rasch ist er bei ihr: »Muatta!«

»Anderl!« ...

Der Bub ist heimgekommen – hoch preiset die Seele der Mutter den Herrn ...

Die Sonnleithnertöchter aber haben vergebens gestritten um der Schätze eines Toten willen ...

Denn er lebt.

Und dem Lebendigen gehört das Recht!

Henn um Henn – Hahn um Hahn

Wenn einer sagen wollt, wie lange eigentlich jetzt schon die Feindschaft zwischen den Moosrainerischen und den Hürblerischen besteht, so müßt er gut Ding seine siebzig, achtzig Jahre alt sein; denn der Hürbler pflegt jeden Tag siebenmal mit einem giftigen Blick hinüber zum Nachbarn zu sagen: »Ja, wenn dees aa Leut waarn! – Aber die habn ja scho insan Vatan, Gott hab 'hn seli', grad kloaweis für an Narrn ghaltn!«

Während hinwiederum die alte Moosrainerin des öfteren seufzte: »Ah was! So a Nazion muaßt ja auf der ganzen Welt nimmer finden wia dee Hürblergsellschaft! – Die ham ja scho von Anfang o nix taugt! – Dee ham scho insane Altn oan Prozeß um den andern oghenkt zwegn nix und wieder nix . . .«

So steht es also seit langem zwischen den beiden Nachbarn; und der Pfarrer hat billig Ursach zu klagen und in der Sonntagspredigt des öfteren auszurufen: »Kindlein, liebet einander! - Ihr bockbeinigen Bauernschädel! – Merkts auf und hörts auf das Evangeli, das euch ermahnt: Liebet eure Feinde! –«

Leider helfen ihm solche Hinweise auf die Schrift bei den Hürblerischen nicht viel, – bei den Moosrainerischen aber gar nichts; denn die alt Moosrainermutter hat selber das Evangelibuch im Haus und weiß daraus lang allerhand answendig. Besonders aber hat sich diese Stelle in ihr Gedenken eingegraben: »Aug um Aug, – Zahn um Zahn.«

Dieses Wort der Schrift gibt ihr allerhand zu sinnieren. Und sie sagt sich: »Haut er her, – na hau i hi; – wia du mir, – so i dir; – und: wiedervergelten is koa Sünd.« –

Nun steht aber zwischen den beiden Bauernhöfen vom Hürbler und vom Moosrainer noch eine Person.

Zwar nur eine einschichtige Gemeindearme, – ein her-

untergerutschtes Häuslleut, – aber dennoch ein Leut, das dazugehört: die alte Schleiferlis.
Die sitzt schier den ganzen Tag samt ihrem räudigen Wolfsspitz auf der wackligen Hausbank und strickt die Strümpfe und Socken noblichter Leute an, – oder sie lehnt hinter dem schleißigen Vürhang am Fensterbrett und gibt acht auf das, was zwischen den beiden Nachbarn hin und wider geht.
Indem sie bedenkt: ein Zeuge vor Gericht gilt für den Tag zwei Mark und mehr, – und: wo sich zwei zerkriegen, darf sich der dritte freuen.
Also rückt sie auch heut ihren zusammengesessenen Lederstuhl ans Fenster, stellt die Kaffeeschüssel dazu, wischt sich die Hornbrille gut aus und sitzt alsbald an ihrem Platz, wie die Kreuzspinne hinter dem Wandherrgott, die wie ohne Leben zwischen den Fäden hängt und die Fliege im Netz lang zappeln läßt, ehe sie drauf losfährt und sie einhaspelt.
Drüben beim Hürbler wird grad im Stall gearbeitet; und der Kaspar schiebt pfeifend den Mistkarren aus dem Stalltor und leert ihn auf den hochaufgeschichteten Düngerhaufen, indes die Nanndl am Brunnen das Melkgeschirr spült.
Es sind zwei von den Ehehalten der Hürblerischen.
Und eine dritte, die Kuchelzenz, tritt eben aus der Haustür, einen Weidling voll Körner in der Hand, und ruft lockend: »Dihsä! Dihsä! Di di di di!«
Worauf in eiligem Rennen und Laufen der Hürblergockel mit seiner Hennenschar herbeikommt, sein Grrr ga ga ga hören läßt und dabei ganz übersieht, daß auch eine rote Moosrainerhenn bei dem Nachtmahl mithält.
Zwei aber übersehen es nicht: der Kaspar – und die Schleiferlis.
Und beide handeln.

Der Kaspar setzt eilends seinen Karren nieder, nimmt die Peitsche vom Nagel neben dem Stalltor, bindet ein kurzes Tannenreiserlein vom Hausbesen an die lange Geißelschnur und schleicht zum Hühnerhaufen.
Da steht die Moosrainerhenn ein wenig abseits von den Hürblerischen, – pickt und schluckt, tretelt und scharrt, – schreit plötzlich erschreckt auf und will davon, als sich sausend die Geißelschnur um ihre Krallen schlingt und dran verwickelt.
Noch will sie ihre Flügel brauchen; aber sie kommt nur noch zu einem kurzen Flattern, dann hat sie schon eine Hand am Kragen gepackt und ihr das Genick umgedreht.
Lachend trägt sie der Kaspar ins Haus.
»Da! – Der Stößer hat den Vogl falln lassen!«
Die Hürblerin blinzelt den Kaspar an und die Henn.
»A meinige Henn is's net, Kaschba!«
»Macht nix, Bäuerin; deswegn siad's aa koa schlechtere Suppen.« – Die Hürblerin schmunzelt.
»Ja no, – werds es enk scho zuarichten. – Dees geht mi nixen o.«
Damit geht sie aus der Kuchel, damit sie nicht dabei ist beim Einputzen. Und der Kaspar sagt lachend zur Zenz: »Gell, tuast es a bißl überbratn darnach! – Und machst a Nudlsuppen dazua! – Werd scho so viel Oai drin habn, dees Viech, daß 's glangen.« –
Die Schleiferlis drückt den Kopf ganz nahe an den Vürhang, während dies geschieht. Und sie sieht den Eingang und den Ausgang der Geschichte; denn nicht lange darnach gießt die Zenz einen Kübel mit heißem Wasser und roten Federn auf den Misthaufen, nimmt eine Gabel und breitet vorsorglich eine Lage Dünger drauf.
Die Lisl nickt etliche Male mit dem Kopf.
»Mhm!« Schon will sie aufstehen.
Aber da fällt ihr Blick auf den Moosrainerhof.

Und was sie hier sieht, wird die Ursach zu dem Ausruf: »Aha! – Soso!«
Da rennt eben der Hürblergockel einer schwarzen Henn nach, die gleich ihrer roten Schwester die Körner des Hürblerweizens schmackhafter fand wie die des Moosrainerschen. Und er zeigt einen solchen Zorn gegen die Fliehende, daß man hätt meinen können, die Feindschaft der beiden Bauern wär auch auf ihr Viehzeug übergegangen.
Flügelschlagend und wütend gurrend jagt er sie bis vor die Haustür des Moosrainerhofs. Dann bleibt er einen Augenblick stehen, reckt den Hals, schüttelt die Federn und will wieder zurück zu seinen Hennen.
Aber er kommt nicht weit.
Sausend fliegt plötzlich ein Holzprügel von der Schupfe her und schlägt ihm beide Haxen ab, so daß er mit einem Jammerschrei zusammenfällt, die Augen verdreht und mit den Flügeln schlägt, bis ihn der Roßknecht vom Moosrainer beim Kragen packt und ins Haus trägt.
»Bäuerin, habn tua i 'hn!«
»Was?«
»An Gockel!«
»Was für an Gockel?«
»No, den Hürblerischen! – Grad hätt er wieder a unsrige Henn umbracht.«
»Marixn! A unsrige Henn, sagst?«
Die Bäuerin schreit der Alten.
»Muatta! – Hast es ghört! – A unsrige Henn hat er umbracht!« – »*Hätt* er!« verbessert der Knecht.
»Ah was! – *Hätt* er oder *hat* er! – Wennst net grad dazuakemma waarst, nachher hätt er s' aa . . .«
»Ja, gwiß aa no!« beteuert die Alte, »i möcht net wissen, wiaviel Henna daß uns der scho umbracht hat!«
»Ja no, – oa Henn is die ander wert!« sagt die Junge; »d' Hauptsach is, daß mir 'hn jetz habn.«

Und sie stellt geschäftig eine Pfanne mit Wasser aufs Feuer zum Brühen, indes der Roßknecht dem Gockel mit der Daxenhaue den Kopf abschlägt.
Und so kommt es, daß die Schleiferlis sagt: »Aha! – Soso! –« – – –
Etwan eine Stunde darnach tritt in die Kuchel der Moosrainerin die Schleiferlis.
»Grüaß enk der Himmi!«
»Was möcht denn dees alt Fegfeuer heunt no!« denkt sich die Bäuerin, sagt aber bloß: »'ß Good aa.«
Und die alt Mutter fragt: »Brauchst leicht eppas, Lisl?«
»Naa!« sagt die; »net, daß i wissat. Aber i kimm von der Hürblerin.«
Aha! Sie erschrecken schon.
»Von der ... von dera ... da drent ...«
»Ja. – Sie hätt' mi auf d' Schandarmerie g'schickt; aber i hab g'sagt, dees braucht's net. – Zwegn oan Gockl! – Und wo ma net woaß, wia und warum!«
Die alt Moosrainerin erbleicht. Aber sie sagt doch ganz fest: »Was Gockl? – Da is mir nix bekannt!«
Die Junge aber will aus der Kuchel.
Die Lis vertritt ihr den Weg.
»Du, i moan, es is besser, du bleibst no a bißl da, Bäuerin, bis i ausgredt hab!«
»So, moanst? – Zwegen was nachher? – Moanst, daß i sinst nixen z'toan hab, als wia auf dein Schmarrn hinz'hörn!«
»Ja, no nachher! – Muaßt halt auf'n Schandarm den sein hör'n!« Die Junge zuckt zusammen.
»Tua di fei net so leicht redn ... mit mir ... du ...«
»Werst ins nix nachsag'n könna ... nix Schlechts!« ergänzt die Alte. Die Lis zuckt die Achseln.
»I sag ja aa nixen ... aber d' Hürblerin ...«
»Was geht ins d' Hürblerin o!«

»Mei, sie sagt halt, daß's ös ihran Gockl hinterlistigerweis daworfa habt's . . .«
»Dees muaß s' beweisen könna!«
»Konns aa. Sie hat Zeug'n, sagt's. «
»Auf dera ihrane Zeug'n gib i nix!«
»Ja, no; sie wissen's halt do für gewiß, daß's enka Roßknecht gwen is, mit an Trumm Prügl.«
»Was der Roßknecht tuat, dees geht do ins nix o . . .«
»Scho. Aber sie zoagt's o, sagt's, und sie laßt enk allsam einsparrn!«
Der Moosrainerin wird immer unguter zumut. Und die Alt wischt sich alle Augenblick über die feuchte Stirn.
»Moanst, daß dees wahr is, mit dee Zeug'n, Lis?«
»Freili! Glei drei! – Und g'wisse, verstehst!«
Die Moosrainerinnen schauen einander unschlüssig an.
Die Lis bohrt weiter.
»D' Hürblerin liaßat's ja gern guat sei', sagt's, bal's ihran Gockl wiederkriagt, wenigstens als a toter . . .«
Die Junge starrt vor sich hin.
Mittendrin aber sagt sie: »Ja no; – i hab's ja alleweil g'sagt, sie soll'n 'hn steh' lassen! – Aber, mei, – insane Leut' werd'n halt aa zorni, wann's sehg'n, wia oan dees Viech oa Henn um die ander umbringt! – Alles konn ma si halt aa net g'falln lass'n! . . . Jetzt fehl'n mir scho leicht zehne!«
»Ah was!« begütigt sie die Alte; »die paar Henna da! Mir san do net so hungri wia die da drent! – Mir könnan do so a paar Viecher verschmerzen! – Schick 'hn ihr umme, ihran baanigen Teife' und laß di gern hab'n!«
Die Junge besinnt sich.
Aber die Schleiferlis sagt schnell: »Siechst, dees is a Wort, Muatta! – Dees laßt si hör'n. Is do gscheiter a so als wia a Prozeß . . . und a paar Wocha ins Loch . . .«
Da reißt's die Moosrainerin.
Und sie läuft eilends in die Speis, holt den Gockel, der

bereits in der Essigbrühe liegt, und sagt: »Da! – Mir waar's ja gnua! – Sagst, i kann nix dafür, – und mir waar's a so net recht: – i hätt 'hn ihr a so grad ummeg'schickt, wannst net du jetzt kemma waarst!«

»Und bring fei an Hafa wieder z'ruck!« sagt die Alte noch.

»Feit si nix!« erwidert die Lis, nimmt den Hafen und geht, indes die beiden Moosrainerinnen sich anblicken und mit großem Eifer in die reinste Unschuld hineinreden. –

Nicht lange darnach steht die Schleiferlis bei der Hürblerin im Hausflöz.

»'n Abend wünsch i! – Aber da schmeckt's fei! Habt's no an Brat'n, heunt?«

Die Hürblerin drückt sich mit der Antwort herum.

»Nnaa . . . grad a Bröckei was. – Der Stößer hat ins wieder epps derhaut.«

»Soso«, sagt die Lis; »gwiß a Henn?«

»Nn . . . ja . . . a Henn. Was fragst denn so dappi?«

Die Lis überhört das letzte.

»Bist alloa, Hürblerin?«

»Warum?«

»Weil i epps Wichtig's hab. Von der Moosrainerin.«

Aha. Sie fährt schon zusammen, die Hürblerin! – Aber sie tut befremdet. »Da kunnt i mir aber nix denka . . .«

»Net?« sagt die Lis; »na fragst amal dein Kaschba; vielleicht konn si 's der denka!«

»Der Kaschba! – Ja, was moanst denn! – Erscht recht net! – Mir wissen allsam nix! Gar nix.« – Die Lis seufzt verlegen.

»Gar nix, sagst. – Ja no, na konn ma nix macha. – Na gib's halt an Saustall.«

»An Saustall, sagst?«

»Ja, scho. Eing'schbarrt werd's halt.«

»Ins Christi willn'! Lisl!«

Die Lis tut jammerlich.

»Ja no. Freili is's zwider. Wennst du nix woaßt und der Kaschba nix woaß . . .«
»Naa, Lis, gar nix!«
»Geh! – Jetz, d' Moosrainerin sagt halt: a rote is's gwen, – und sie hat an Zeugn, sagts, der wo's beschwört . . .«
Die Hürblerin erschrickt.
»An Zeugn, sagst? – Der wo's beschwört, sagst? – Ja, no, – da werd nachher scho der Kaschba . . . aa schwörn müassn . . .«
Sie muß sich niedersetzen.
Aber die Lis fährt fort: »Er werd halt net dazu kemma, zum Schwörn, der Kaschba, fürcht i! – Jetz, die Jung drent wills ja gar net habn, daß d' neifallst! – Gar net! – Sie sagt, sie waar gar net abgneigt, hats gsagt, – daß sie's guat sei lasset, sagts. Wenns ihra Henn wieder zruckkriagt . . .«
Die Hürblerin horcht auf.
»Aha sagst! – Ös wißts also nix! – Ös moants grad! – Aha!«
»Hürblerin, sie hat Zeugn!«
»Die konn Zeugn habn, soviel daß s' mag, sagst! – I hob no mehra, sagst! – Und überhaupts, jetz sag dir i was: daß s' net verhungert, des Gnack da drent, sagst, bringst a meinige Henn. – Wenn glei i nix woaß – und der Kaschba aa nix . . .«
Und sie geht augenblicklich in den Hühnerstall, packt eine alte Bruthenn, die nimmer legt, und gibt sie der Lis.
»Da! – I mag nix z'toan habn mit dera Gsellschaft, sagst! Wenn i gleich nixen woaß von der ganzen Gschicht.«
Und sie läßt die Schleiferlis stehen und läuft in den Stall, wo der Kaspar den Roßkummet putzt.
Die Lis schmunzelt, deckt die Schürze über die Henn und geht. –
Am andern Tag liegt der Schleiferspitzl nicht wie sonst auf der Hausbank; er hockt vielmehr hinterm Ofen und nagt

an einem Häuflein Gockelknochen, indes die Lis einer alten Bruthenn sieben Eier unterlegt und dabei denkt: »Hat der Herr für 'n Vogl gsorgt, na werd er scho für die Junga aa sorgn.«
Worauf sie sich wieder ans Fenster setzt und zufrieden hinausschaut auf die zeitigen Weizenfelder des Hürbler und des Moosrainer.

Die närrische Zeit

Es ist noch gutding nächtig in der Schlafkammer vom Einödbauern und seiner Hausfrau.

Er liegt schnarchend und grohnend schier überzwerch auf seiner Lagerstatt; die Bäuerin hat noch vom Nachtsegen her die Händ verschlungen und lehnt so still und ehrbar in den hochaufgerichteten Kissen und Polstern, daß man wähnt, sie wär eine selig im Herrn entschlafene Leich.

Draußen vor dem offenen Fenster in den blühenden Obstbäumen ducken sich die Vögel zusammen, haben die Köpfe tief unter den Federn und tun noch den guten, gesunden Morgenschlaf.

Da fängt's von der fernen Pfarrkirch her zu läuten an.

Die Einödbäuerin schreckt in die Höh.

»Chrischtoff! – Laitn tuat ma! – Mitten bei der Nacht!«

Der Bauer hört zu schnarchen auf und sagt schlaftrunken: »Werd scho anorts wo brinna!«

Und dreht sich um und will weiterschnarchen.

Aber es hört nicht auf zu läuten, ja – es mischen sich frei auch noch die Kapellenglöckel ringsum darein.

Die Einöderin setzt sich horchend auf.

Draußen kreischen und zirpen die Vögel verschlafen; eine Amsel pfeift aufschreckend.

Die Bäuerin reibt sich die Augen.

»Jetz kann ma do no net früahlaitn! – He, du, Chrischtoff!«

Der Bauer schnarcht wieder.

»Du! Chrischtoff! – Moanst, daß ma scho 's Gebet lait't?«

Der Einöder fährt tappend mit dem Arm durch die Luft: »Hat der Gockl scho kraht?«

»Na . . .«

»Nachher läut't ma aa 's Gebet no net.«

Er wirft sich brummend wieder herum.

Aber es klingt und läutet von überall her, so daß er endlich scheltend aus dem Bett springt und nach der Wanduhr schaut.
Die schlägt grad im selben Augenblick: eins – zwei – drei.
»Dees versteh i net«, sagt der Einöder kopfschüttelnd; »was die um drei in der Nacht zum laitn ham.«
Und er will sich wieder hinlegen.
Aber da kommt die alte Großmutter über die Stiegen herabgeschlurft, klopft an die Kammertür und knerrt: »Ha, daß 's denn gar net aufstehts! – Jetz is's scho viere! – Allweil no fäuler werds! – Dees wenn inser Vater – Gott gib eahm an Fried – sehgn tat . . .«
Krach! Der Bauer hat den Stiefelzieher an die Kammertür geworfen.
»Mein Ruah, sag i! – I brauch koa Predi' in der mittinga Nacht!«
Die Einöderin legt seufzend Kittel und Spenzer an und geht in den Stall zum Melken.
Aber – da liegt das Vieh alles noch schlafend auf der Streu und erhebt sich nur widerwillig und brummend auf ihr grantiges: »He! Auf da, ös Ranka!«
Hinten in der Hühnersteigen sitzen die Hennen und Gikkerl dicht aneinandergeschmiegt auf der Stange, und der Gockel hockt oben auf seinem Platz – schlafend und pipsend.
Da schreit die Bäuerin ihr: »He! Auf da!«
Erschrocken fährt alles in die Höhe. Verlegen treten die Hennen von einem Fuß auf den anderen, – schlagen die Gickel mit den Flügeln, – kräht der Gockel ein heiseres Kickeriki.
Aber da öffnet auch schon die alte Einödermutter den Hühnerschlag, ruft lockend ihr »Dihsä! Dihsä! Di di di di!« und stellt den gefüllten Futtertrog vor die Stalltür.
Da werden sie gähnend munter, die Hennen; und der

Gockel schlägt hitzig mit den Flügeln und kräht und schreit, daß die jungen Gickel und Hähndl gleichermaßen mit ihrem Frühruf anheben und also den Tag melden.
Derweil hat der Bauer grohnend und scheltend die Lagerstatt verlassen und nimmt sich sein Tagwerk für, während er seine Sackuhr mit der Wanduhr vergleicht.
»Alsdann, weils scho gleich is: jetzt mist' i aus, nachher schneid i 's Gsoott, na tua i no a Stund Holz hacka – und nachher muß i a so auf Bahn; heunt is ja der Deixlsprozeß mit dem Hansdampf da drentn, z' Reuth!«
Unterm Kaffeetrinken gibts noch eine Zwistigkeit zwischen ihm und der alten Großmutter. Es läutet grad wieder; da sagt die Alt: »Da! – Jetz lait't ma scho in d' Kirch! – So guatding spat aufgstanden seids wieder!«
Der Bauer aber erwidert grob: »An Fried will i habn! Du lait'st aa in d' Kirch! – 's Gebet laitn tuat ma jetz! – Daß d' es woaßt! –«
»Soo, – was hat ma na zerscht glait't? «
»Vo mir aus d' Metten!«
Die Einöderin mischt sich drein: »I moan scho aa, Muatta, daß d' in an Irrtum bist; es werd halt anorts wo brinnt habn! . . .«
»Oder mir hat der Muatta an Tag o'glait't!« sagt der Einöder spöttelnd; »'s O'blasen und 's O'singa kaam jetz z'teur!«
Die Alte brockt zornig ein.
»Du brauchst mi gar net so hart z' reden! I hab mi meiner Lebtag nach'm Gebetlaitn gricht't, – und i tua 's heunt no. – Du kannst es ja anderscht macha! – Du bist ja a so a ganz a Gscheiter.«
Im selben Augenblick schlägt die Stubenuhr fünfmal.
»Da, – richt liaber dei Uhr, daß s' net allwei um a Stund z' spat geht!« brummt sie. Und sie ißt hastig zu End.
Aber der Einöder hält ihr seine Sackuhr unter die Nase:

»Du gehst aa z' spat! – Fünfe is's und koan Strich net mehra! – Und jetz will i mein Ruah – sinst wer i grob.«
Worauf er an die Arbeit geht, – die Bäuerin in der Milchkammer werkt, – die Alte aber sich auf den Weg zur Kirche nach Reuth macht. –
Da die Stockuhr der Einöderin auf sieben zeigt, fällt dieser ein, daß um acht Uhr in der Reuther Kirche das Seelenamt für die tote Urzin von Rieden ist.
Die Urzin aber war die Firmgödin der Einöderin.
Also legt sie eilends ihr schwarzes Feiertagsgewand an und schreit hinaus zum Bauern: »Chrischtoff! – He, du! – Muaßt net heunt aufs G'richt?«
Der Einöder wirft giftig das Hackl weg.
»I kimm scho!«
Während er sich anzieht, gibt sie ihm allerhand Ratschläge.
»Also, – verstehst, – zahln tuast gar nix! –
Koan Pfenning zahlst net! – Nachweisn kann er dir ja nix, der Lippe! – Sagst ganz oafach: Du hast eahm sein Zaun net umgfahrn, – du bist zu derer Zeit überhaupts net z' Reuth gwen, sagst! – Du woaßt nixn, sagst! –
Und zahln tuast gar nixn!« – – –
Aber – er hat ihn halt doch zahlen müssen, den Zaun. – Denn wie sie nach Reuth kamen, schlug's neun Uhr.
Und die Kirche war schon aus – und der Zug schon weg – und man schrieb jetzt eine neue Zeit, die preußische Sommerzeit. –
Also hatte die Großmutter recht, – die Bäuerin Verdruß, – und der Bauer die Kosten – und einen Rausch.
Ein Glück, daß sie bald wieder abgeschafft wurde, die närrische Zeit!

Die Erbschaft

Das Sixenwaberl war gestorben, – achtzig Jahr alt, einsam und ohne Freundschaft, wie es auch die letzten dreißig Jahr seines Lebens hinbringen mußte, einsam, ohne Freund und ohne Lieb.

Wohl hatte das Waberl drüben in Aach noch zwei Verwandte, Kinder ihres seligen Bruders, des Sixenpeters; aber weder die Nanndl noch die Zenz hatten sich jemals um das alte Baserl gekümmert.

Ja, sie wußten beide nicht einmal, wo das Waberl damals hingekommen war, als es der Peter nach einem kurzen Streit vor die Tür setzte und ihm seine Habseligkeiten nachwarf.

Denn der Sixenpeter hatte selbigesmal gesagt: »I heirat wieder, Wabn. D' Schnoatterhanni vom Berg.«

Das Waberl aber hatte die Händ zusammengeschlagen und gegreint: »Was?! Du alter Esel! Derbarmen dir jetz deine Kinder gar net, daß d' eahna die als Stiafmuatta geb'n willst? A so a junge Schneegans!?«

Da war's aus und Amen. Und der Peter schrie: »Grad mit Fleiß heirat i jetz! – Und grad a Junge! – Der Zenz und der Nanndl is 's so ganz recht, bal s' amal a anders Gsicht sehgn als wia dees deinige, du alter Predigtstuhl!«

Und dann stand's nimmer lang an, da hatte er sie ausgeschafft.

Also war das Waberl weitergezogen, fort aus dem Sixenhof, und hatte sich samt ihren fünfzig Jahren noch als eine Kindsdirn zum Windl von Reuth verdingt.

Dort blieb sie etwa zwanzig Jahr und hütete nacheinander die Kinder von zwei Geschlechtern des Windlbauern. Denn da sie in den Dienst eintrat, lag die Bäuerin beim neunten im Kindlbett, indes das erste, ein Maidl, schon die Feiertags-Christenlehre besuchte. Und sie diente noch dort,

als der größere Bub, der Hansl, den Hof übernahm und mit seiner Barbara und einem Häuflein Nachkommen rechtschaffen und riegelsam dahinhauste.
Die letzten zehn Jahre seines Daseins waren dem Waberl zu einem harten, beschwerlichen Weg geworden. Schier ganz erblindet, zusammengeschunden und dahinserbend, so verließ es den Windlhof und machte einer Jüngeren Platz. Eine Zeitlang frettete sie sich noch so dahin, – da als Daxenhackerin, dort als Krankenwärterin, – bald als Viehhüterin und bald wieder als Leichenbeterin.
Endlich aber war's aus und gar, und das Waberl legte sich hin, machte sein Testament und starb.
Und so kam es, daß der Bot eines Tags in Aach vor die Haustür der Sixenbäuerin trat, nach der Nanndl und der Zenz verlangte und sie zur Verlassenschaft lud.
»Wer is denn gstorbn?« fragte die Sixin neugierig.
»Insa Wabei«, sagte die Zenz.
Und die Nanndl setzte hinzu: »Woaßt, d' Schwester vom Vatern, Gott gib eahm an Fried; die, wo dich net leiden hat kinna!«
Denn die Nanndl sagte ihrer Stiefmutter nicht ungern hie und da eine Grobheit.
»Ah so, die!« erwiderte die Sixin spöttisch; »die hat mi aber doch net aufhalten könna! – – Hat halt do sie geh müassn! – Wo is 's denn gstorbn?«
»Z' Reuth«, sagte die Zenz, nachdem sie den Namen erst auf dem Schrieb vom Amtsgericht ablesen mußte.
»So, z' Reuth?« widerholte die Nanndl gedankenlos.
»Hat's a Geld g'habt?« fragte die Sixin wieder.
Die Töchter besannen sich.
»Na, so a siebn-, achthundert Markl werds scho ghabt habn!« meinte die Zenz.
»O, die hat scho mehra ghabt!« rief da die Nanndl; und sie begann sogleich, nachzudenken und zu rechnen, und

hatte bald gefunden, daß eigentlich ein Haufen Geld und Sach da sein müßt beim Waberl.
»Die hat doch alleweil g'arbeit't!« sagte sie; »die hat doch grad verdeant und nix braucht! – Und sie hat doch aa d' Einrichtung g'habt und die guat Wasch – und a Tuach – und an Haar – und an gspunnan Flachs – und an Schmuck . . .«
Aber da unterbrach sie die Sixin: »Die hat freili viel Sach ghabt! Hat ja enkern Vatern no gnuag gstohln, bevor s' furt is! – Dees ghört natürli jetz alles mir, was da außa kimmt!«
Die Nanndl und die Zenz fuhren schier zugleich in die Höh: »Was?! Dir?!«
»Jawoi, mir! – Is lauter Sach, dees enka Vata mir vermoant hat! – Und sie hat's verräumt!«
Die beiden sahen sich fassungslos an.
Aber dann fuhren sie auf die Stiefmutter los: »Ha! Was moanst denn du! – Verräumt! – Ha! – Da is nix verräumt wordn, was dir ghört hätt! – Und was da is, dees ghört uns! – Daß d' es woaßt!«
Aber die Sixin beharrte drauf: »Dees ganze Sach muaß mir ghörn!«
Da sagte die Nanndl: »Dees werd si ja weisen. Bal für di was da is, nachher wirst scho gnannt werdn bei der Verlassenschaft.«
Und die Zenz meinte: »Da werd halt aa neamd anderer genannt als wia mir! – Sinst stands ja auf dem Zettel da!«
Die Sixin verzog den Mund spöttisch und sagte bloß:
»Dees werd'n mir ja sehgn.«
Damit ging sie. –
Drei Tage später waren alle drei auf dem Weg nach dem Amtsgericht.
Aber sie gingen eine jede einschichtig dahin.
Denn die Nanndl und die Zenz wollten beide das gleiche

erben und wurden darüber ganz und gar uneins und streitend.
Die eine hätte gern den bemalten Kasten mit allem, was darinnen wär', die Himmelbettstatt samt dem Bett und auch den Schmuck gehabt; aber die ander sagte: »Du wärst ja net viel ausgschaamt! – Akkrat dees möcht sie, was mir zuasteht! I bin die Ältere, – also ghört dees alles mir. Und um hundert Mark Geld ghört aa mir mehra!«
Worauf die erste sogleich mit einer groben Red aufwartete, eine noch gröbere Antwort erhielt und also voller Zorn einen andern Weg ging.
Die Sixin aber, des Sixenpeters Wittib, hatte ihre Mutter, die alt Schnoatterin vom Berg, auf einen Tag in den Hof gebeten zur Aushilf.
»Denn«, sagte sie, »da muaß i aa dabei sein. Die täten ja, als ob i der Garneamd wär! I werd mir doch dees Sach net auskomma lassen – und dees Geld! – Tausad Mark sand tausad Mark; und bei mir sands besser aufghebt als wia bei dene zwoa Geign.«
Damit packte sie ihren Trauschein und ihre Taufurkunde in das Handkörblein, legte etliche gesottene Eier und Brot dazu und machte sich darnach gleichfalls auf den Weg zum Amtsgericht; doch nicht zu Fuß, wie die Töchter, sondern nobel mit Roß und Wagen.
»Hüa, Hans!« rief sie dem Schimmel zu; und zurück: »Alsdann, tua mir guat haushüatn, Muatta!« Und dahin gings. –
Die beiden Dirndln bogen grad, jede von einer andern Seite, in den Platz ein, wo das Amtsgericht steht, da kam die Sixin mit dem Fuhrwerk.
Sie hielt gegenüber beim Wirt zum Schwaberl, übergab dem Hausknecht Roß und Wagen und ging darnach protzig an den beiden vorbei und hinein ins Gebäude. –
Droben verhandelte der Herr Amtsrichter gerade mit einer Partei, da kam sie – die Sixin.

Unerschrocken trat sie ins Amtszimmer, ging hin zum Richtertisch, schob die anwesenden Leute auseinander und sagte: »Grüaß di Good, Herr Amtsg'richt.«
Der Richter hatte sie nicht gehört und gesehen; er blätterte eben eifrig im Band eins des bürgerlichen Rechts und suchte nach einem Paragraphen.
Und die Anwesenden konnten vor Überraschung nichts tun, als sie starr betrachten.
Die Sixin aber wiederholte sehr laut: »Grüaß Good, sag i, Herr Amtsg'richt!« Da fuhr der Richter in die Höhe.
»Das seh'n S' ja, daß hier 's Amtsg'richt ist! – Und das könnten S' auch seh'n, daß schon wer da ist!« –
Die anwesende Partei schmunzelte.
Die Sixin aber stellte ihren Korb ruhig auf den Tisch des Herrn Amtsrichters, nahm sich einen Stuhl und setzte sich, indem sie sagte: »Nachher wart i halt.«
Worauf aber der Richter mit der Faust in den Tisch schlug und schrie: »Ja – ist denn die närrisch worden! – 'naus, sag ich! – Da herinnen ist kein Wartsaal!«
Auf solches Wettern hin erschien sogleich der Herr Amtsdiener, der Poldl, aus einem Nebenraum.
Und er machte seinen Diener, riß die Dienstmütze von dem eisgrauen Haarschüppel, fuhr sich mit der Endspratze etlichemal über die ungeheuere Nase und legte sie dann militärisch an die Hosennaht, wobei er fragte: »Haben der Herr Amtsrichter meiner Wenigkeit zu rufen beliebt?«
Der Richter beruhigte sich zusehends beim Anblick seines Dieners; er betrachtete ihn wohlwollend, wie er so dastand mit seinen großmächtigen Plattfüßen, und er sagte: »Poldl, da ist eine Person, die nicht 'reingehört!«
Damit wies er mit dem Federhalter auf die Sixin.
Der Poldl sah sogleich scharf hin, zwinkerte mit den Augen, zog die Brauen finster zusammen und wies mit der Dienstmütze gebieterisch nach der Tür.

»Wer hat sich hier widerrechtlich eingeschlichen?! – Hier ist Amtslokal, wenn ich bitten darf! – Ich muß die Herrschaften höflichst ersuchen, den Saal zu verlassen! – Schau, daß d' verschwindst, Bäuerin!«
Damit hatte er die Sixin auch schon beim Arm ergriffen und trotz ihres Sträubens und Rufens: »Mei Kärbei! Laß mir do mei Kärbei nehma!« hinausgeschoben auf den Gang, wo bereits die Nanndl und die Zenz jede bei einem Fenster standen und warteten.
»Du bist aber a Lackl!« greinte die Sixin noch; aber sie verstummte plötzlich, als sie die beiden sah, die sie spöttisch betrachteten.
Der Poldl aber holte sein grünes Schnupfglas aus der roten Amtsweste, zog den Stöpsel, ein Geißenschwänzlein, heraus und nahm sich gemächlich eine Prise.
Dann fragte er: »Die Herrschaften belieben?«
Die beiden Schwestern wußten keine Antwort, so daß er noch einmal fragen mußte: »Zwegn was daß's da seids, sag i, ös zwoa?«
»I bin bstellt«, erwiderte jetzt die Nanndl. Und die Zenz sagte: »Zwegn meiner Erbschaft.«
»Die wost mir abjagn möchst!« fuhr ihr die Nanndl dazwischen.
»Aha! – Sag lieber, die wost mir du wegzwicka möchst!« gab ihr die Zenz wieder zurück.
Die Sixin aber schrie sie beide an: »Ja, raufts nur! Um mein Sach! – Dees wo man mir zerscht gstohln hat! – Aber i verlang mei Recht! Und i kriegs aa! Dees mirkts enk!«
Damit stellte sie sich hart an die Tür und ließ sich vom Amtsdiener weder im Guten noch im Groben wegbringen.
»Wär scho recht!« rief sie; »i laß mir mei Sach verteilen! – Naa, i bleib da, – und i red zum erschtn mitn Herr Amts-

gricht! – Z'erscht muaß ma wissen, wem daß d' Sach g'hört, nachher darf ma austeiln!«

»Das kannst machen, wie d' magst!« meint der Poldl und ging hinein in den Saal. –

Bald darauf verließ die erste Partei das Lokal, und der Amtsdiener trat heraus: »In Sachen Barbara Six, Verlassenschaft!«

Da fuhren die beiden Schwestern in die Höhe, und die Bäuerin überrannte ihn schier, so schnell stürzte sie hinein und hin zum Richtertisch.

Der Richter las ruhig in seinen Akten.

Da sagte die Sixin wieder sehr laut: »Grüaß Good, wünsch i!«

Mittlerweile waren auch ihre Stieftöchter zum Tisch getreten und grüßten ebenfalls: »'ß Good.«

Der Poldl verwies sie an ihre Plätze und wandte sich an den Richter: »Gehorsamst zu dienen, Herr Amtsrichter, wenns belieben wollte: die streitigen Parteien sind anwesend.« Also begann die Handlung.

»Kreszenzia Six!«

»Hier!«

Die Zenz sagte es, wie sie es von der Schule her gewohnt war, und hob dabei ein wenig den Zeigefinger.

Und auch die Nanndl bewies auf gleiche Art, daß sie die Anna Six von Aach war.

Aber da stand ja noch eine! – Die Sixin! – Und wurde gar nicht aufgerufen!

»Herr Amtsg'richt, i g'hör fei aa dazua! – I bin d' Sixin von Aach! – Woaßt, an Sixenpeter, Gott hab 'hn seli, sei Weib! – D' Schnoatterhanni vom Berg hat ma mi früher halt ghoaßn, verstehst! – An Ausweis hätt i grad scho dabei, wennst moanst, daß i 's eppa net wär . . .«

Was half's, daß der Richter erst baff war, dann ungehalten – und schließlich erzürnt!

Die Sixin stand breit und ihren Platz ausfüllend vor ihm, öffnete ihren Handkorb und hielt ihm den Taufschein und das Trauzeugnis unter die Nase, so daß er sich nicht anders zu helfen wußte, als seufzend ihre Person anzuerkennen und zu sagen: »Wenn Sie wirklich meinen, daß Sie auch dazugehören, dann setzen Sie sich halt in Gottesnamen nieder!«

»Aha! – wenn i moan! – I moan scho net lang, – i woaß 's schon gwiß! – Indem daß mei seliger Peter no vor seim Tod gsagt hat: Hanni, hat er gsagt, bal d' Wabn amal stirbt, hat er gsagt, nacha ghört dees ganze Sach amal dir, hat er gsagt. – Also ghör i aa dazua. Verstanden!«

Die Zenz und die Nanndl saßen erst wie versteinert, plötzlich aber kam Leben in sie, und eine überschrie die andere: »Dees is ja a Lug! – Nix wia Lug und Trug is's! – Insan Wabei sein Sach und sein Geld is ja no von der Großmuatter her da! Und dees ghört uns!«

Und sie schrien so laut und werkten und stritten so sehr, daß man am End nichts mehr verstand als ein schrilles Kreischen. Grobe Schimpfnamen flogen hin und zurück, und zu guter Letzt warf die Sixin ihren Stieftöchtern den Handkorb samt den Eiern an den Kopf. – Da erschien der Poldl, ernst, würdevoll, – und er sagte kopfschüttelnd: »Aber! Aber! – – Was ist das für eine respektlose Benehmität, meine Herrschaften?«

Sie hörten ihn nicht.

Da schlug er mit der Pratze auf den Richtertisch, brüllte: »A Ruah, sag i!« und faßte die Nanndl und die Zenz beim Genick, setzte sie fest auf ihre Stühle und schob schließlich die schreiende, zeternde Sixin zur Tür hinaus.

Der Amtsrichter hatte sich erst den Streit und dann die rasche Schlichtung mit viel Behagen betrachtet; nun aber Ruhe war, öffnete er ein Schriftstück, räusperte sich und las:

»In Gottsnam fang ich an, ich, Barbara Six, Sixenwaberl von Aach, zu schreiben und mach meinen letzten Schrieb an meine Freundschaft, von der ich aber nicht viel verspürt hab. Werden auch nach meinem Hingang nicht viel Sixengockel meiner Haut nachkrähen. Es möcht ihnen auch wohl mein Sach zuwider sein; und darum vermach ich alles bewegliche Gut, Geld, Wasch, Schmuck und Gewand dem Armenhaus zu Reuth, wo ich bin und bleib bis zu meinem End. Zwei Ding aber sollen bestimmt sein für die zwoa Kinder meines Bruders Peter Six von Aach: der Flickkorb meiner Großmutter, welchen ich mitsamt dem Fadenwachs und Wiftfaden vermache der Anna Six – und der Stiefelzieher unsers seligen Vaters, den sich die Kreszenzia Six aufheben mag als ein Erbstuck von mir, der alten Barbara Six, Sixenwaberl von Aach.«
Der Amtsrichter hatte zu End gelesen, die üblichen Worte angefügt und sagte nun: »Also, jetzt wißt ihr's. Ihr könnt gehen.«
Worauf er als erster den Raum verließ.
Da saßen sie nun, die beiden Schwestern. Und sie waren unfähig, sich zu rühren, eine Silbe zu reden, bis der Diener rief: »Der Fall ist beendigt! – Wenns den Herrschaften belieben wollte, den Saal zu verlassen!«
Die Zenz sah jetzt die Nanndl an – und die Nanndl die Zenz, – und mittendrin begannen sie zu lachen; und sie lachten so sehr, daß der Poldl ganz mitleidig sagte: »Arme Dirndln. Jetz hats ihnen den Verstand verdraht.« –
Draußen stand derweil die Sixin, schier platzend vor Wut und Grimm. Da kamen die beiden, sahen sie an, – ganz sonderbar, – und mittendrin rief die Zenz: »Also, weils gleich is: mein Erbteil kannst scho habn, Muatta!«
»Und den mein' aa!« lachte die Nanndl, so daß die Sixin ganz gerührt wurde und beide einlud, mit ihr heimzufahren. Sie kamen aber nicht weit.

Denn die Sixin ward von der Neugierd geplagt wegen ihrer Erbschaft, und da erfuhr sie es: »Den Stiefelzieher und das Flickkörblein.«
Da mußten sie zu Fuß weitergehen!

Lord

Er war kein englischer Minister und auch kein Grand von irgendeinem Chester oder Shire – sondern ein Dobermann, – gut in der Rasse und glänzend durch seine Tugenden.
Sommerfrischler aus dem Norden hatten ihn wegen Futtermangel dem Riegerbauern überlassen für fünf Pfund Schmalz und fünfzig Eier; denn dem Rieger sein Schnauz war im vergangenen Winter leider als ein Wilddieb erkannt und vom Nachbar Kreitweber erschossen worden.
Als ich ihn kennen lernte, war Lord etwa vier Jahre alt und ein recht stattlicher Hund; wachsam und aufs Wort gehorchend. Allein – er hatte einen großen Fehler, – er war ein Menschenfeind.
Er packte jeden, der sich arglos seiner Hütte näherte: den Handwerksburschen und den Bürgermeister, den Steuerboten und den Herrn Pfarrer, den Nachbarn und die Stallmägde. Ja, sogar des Herrn Wachtmeisters Wade hatte er nicht geschont, als dieser eben seinetwegen eine Anzeige formulieren mußte!
Auf solche Weise brachte er es denn in kurzer Zeit dahin, daß der Rieger nur mehr die Wahl hatte: entweder den ganzen Hof mit einem mannshohen Zaun zu umgeben, – oder aber den Lord aus der Liste seines lebendigen Besitztums zu streichen; denn tat man ihn an die Kette, so heulte er Tag und Nacht, daß es Gott erbarmte.
Also ward hoher Rat gehalten, und der Rieger begann, als er mit den Seinen Mittag hielt, seine Rede: »Der Wachtmoasta wär aa wieder kemma heunt; ich hab 'hn abgfangt – draußt beim Kleemaahn. Zwegn dem Hundsviech wieder.«
Die Riegerin blies den Knödlbrocken auf ihrem Löffel, daß er auskühle. »San ma wieder ozoagt wordn?« – »Ja.« –

Der Bauer fischte ein paar Fettaugen von der Fleischsuppe ab.
»An Steuerlippl hat er bei der Hosen packt.« –
»Ja no. – Hoaßteifi, san die Knödl hoaß!« – – –
Die Großmutter mischte sich drein.
»Aha. Natürli. Da habts es wieder. Aber anan altn Wei glaubt ma ja nixn! – I habs ja glei gsagt! . . .«
»Waas??«
»Daß 's koa Glück net habts mit dem Viech!«
Die Bäuerin blies mit großer Heftigkeit den nächsten Brokken und sagte giftig: »Ah was! – Koa Glück! – Dees Gschwatz!«
Aber die Großmutter bestand darauf: »Naa, ös habts aa koans! Denn wenn ma an Hund mit an so an heilinga Nam oredt . . .«
»Geh! – Hör auf, sag i!«
Der Bauer winkte ihr verächtlich ab.
Und die Bäuerin lachte mitleidig.
»Mit an heilinga Nam? – Insan Lordi? . . . Geh! Daß i net lach . . .«
»Soo! – Lacha tuast! – Du bist also akkrat so lutherisch wia d' Stadtleut? – Aber – macht nix. Insa Frau vo Lordes werd di scho no finden . . .«
Sie stand empört vom Tisch auf und ging hinaus; die Bäuerin aber und der Bauer schauten einander erschrocken an.
»Moanst, daß sie recht hat – zwegn sein Nam?«
Der Riegerin ihre Frage klang unsicher.
Ihr Mann schnitt nachdenklich noch einen Knödl auf und druckte lang herum mit einer Antwort.
Und der Knecht meinte auch: »Mir kanns net wissen, obs net recht hat, d' Ahnl . . .« –
Ja nun, – da wars doch besser, man gab ihn her! –
Und die Bäuerin sagte: »Mei, daß 's net sein kunnt, daß

die ganz Gaude zwega dem kimmt! – Is mir scho aa liaber, du gibst 'hn her, bevor ins d' Straf Gottes hoamsuacht! – Brauchst 'hn ja net herschenka; laß dir halt a Fackerl gebn dafür oder a fünf a sechs Henna!«
Der Knecht wußte sogar schon einen Käufer.
»Jeßgas, daß i 's enk sag!« rief er. »Der Simmer vo Orthof möcht oan, an Hund, an scharfen! Für den waar der insa glei recht.«
Der Rieger besann sich.
»Der Simmer vo Orthof, sagst? – Aha. – Ja no. – Aber selber anfeiln derf i 'hn eahm halt net. – Weil er sonst nix biat't und nix zahlt dafür!« –
Freilich! Wenn du von einem Bauern ein Stück Vieh haben willst, so mußt du ihm von deinem überfüllten Stall vorreden, – und willst du gern dein schlechtes Sach für ein gutes verkaufen, so darf es dir um nichts in der Welt feil sein!
So geschah es auch in diesem Fall. –
Und da keines im Hof recht wußte, wie der erste Schritt zu dieser Handelschaft geschehen sollte, so erkor man mich zu einer Schmuserin.
So ging ich also etwa zwischen Vinzenzi und Jakobi mit Lord die Waldstraße dahin, Orthof zu.
Ich hielt den Übeltäter kurz an einem Kälberstrick und führte ihn also, wie ein Häuslweib die Geiß zum Schinder, ganz gemach und ohne Sprünge.
Es war ein heißer Tag, und ich war froh, als ich endlich nach einem Weg von schier zwei Stunden an der Schenke des kleinen Bräuhauses zu Orthof stand, ein Häflein Bier in der Rechten, den Hund am Strick in der Linken und im Sack die Mitteilung der Schenkkellnerin: »Du, beim Simmer hams heut nacht einbrechen wolln; der kunnt glei so an Hund brauchn, wie der Dei' oana is!«
Ei, ei! Viel Glück und gute Geschäfte!

Ich gratulierte mir schon im voraus zu der feinen Handelschaft und überlegte ganz ernsthaft, was ich für mich als Schmuserlohn verlangen sollte!

Vielleicht ein feistes Bratgöckerl? – Oder ein paar junge Kropftauben? Oder einen belgischen Kinihasen? – – –

Ganz nachdenklich kam ich beim Hof des Simmerbauern an und drückte zögernd auf die Klinke der Gartentür.

Sie war nicht verschlossen, und ich trat ein und öffnete die Haustür. Nichts rührte sich. Wir waren in einem grauen Halbdunkel, das matt erhellt wurde durch ein kleines, buntfarbiges Oberlicht.

Zwei Kammertüren waren rechts und links von mir halb zugelehnt, und ich überlegte, welche wohl in die Wohnstube führen möchte, da zog mich der Hund unwiderstehlich nach rechts.

Ich klopfte an und trat über die Schwelle. Aber ich blieb sogleich wieder stehen.

Herrgott! O Simmerin, was bist du für eine schlechte Hausfrau! – Ich muß gestehen: ich nannte sie im stillen das, was ich für Lord einhandeln sollte!

Eine bemalte Himmelbettstatt, zernagt vom Zahn der Zeit und zerbrochen wie manche Hoffnung, die unter ihrem morschen Baldachin einst aufgebaut wurde; eine schmutzige magere Betthaut drin und ein zerlegener, zerknüllter Polster. Alte Totenkränze mit zerrissenen Schleifen und ein bandgeschmückter Hochzeitskrug hingen an den Säulen dieser Lagerstatt, und ein Scherben Nachtgeschirr stand darunter auf dem Fußboden, der einer Landstraße glich, neben einem bauchigen, gläsernen Honigkrug, zu dem ungezählte Ameisen in langen Reihen zogen wie die Bittgänger mit dem Kreuz; Stühle, Tische und Kasten lagen und hingen voll Lumpen und Gewänder, ja, selbst der kotige Fußboden vertrat den Kommodkasten für allerhand Wäsche und Zeug.

An der Wand aber hingen hübsch in Reih und Glied vier Öldrucke mit den Bildnissen des deutschen und des österreichischen Kaiserpaares im Hochzeitsschmuck. Große Mauerhaken hielten diese Bildertafeln und waren zugleich die Aufhänger für die Regenschirme der lebenden Generation, indes die der dahingegangenen in einem ausgedienten Steinhafen staken.

Vertieft in stummes Betrachten vergaß ich schier auf den Zweck meines Herkommens; aber mein Lord entriß mich rasch daraus, indem er ungestüm am Strick zog und in dem offenen Kasten schnupperte, wo etliche feiste Schinken und Fleischstücke zwischen Frauenröcken und Miederleibchen hingen.

Mit einem Satz hatte er ein Trumm Fleisch erfaßt, und ich mußte Kraft und Mühe brauchen, es ihm wieder zu entwinden.

Ich riß ihn zurück und lief durch eine offene Tür, die dichten Dampf und brenzlichen Geruch in die Stube ließ, hinaus in die Kuchel, denkend: »Jetzt werd ich wohl die saubere Simmerin persönlich kennen lernen!«

Denn ich kannte bloß ihn, den Simmer, vom Sehen. – Aber ich hatte falsch geraten.

Da stand auf einem alten Kuchelhocker ein etwa zehnjähriges schmächtiges Maidl und rührte mit viel Gewalt einen Schüppel Klee unter eine übelriechende Brüh in einem endsgroßen Kupferkessel. Dabei spritzte sie alle Augenblicke etwas davon in eine Pfanne mit Milch, die stark angebrannt roch.

Sie erschrak heftig bei meinem Eintreten, besonders da sie den Hund sah. Aber ich sagte:

»Brauchst koa Angst z'habn! I halt 'hn scho fest. Grüaß di Good; wo is der Vater?«

Sie stieg vom Schemel und wischte sich die Hände an die Rupfenschürze. »Der Vater is aufm Feld.«

Dann richtete sie auf einem wackligen Tisch, dessen Platte vom Holzwurm zernagt, vom Schmutz zerfressen und mit Rettichhäuten und Fliegen ganz bedeckt war, die Kaffeeschüsseln zurecht.

»Soo. Aufm Feld is er«, wiederholte ich. »Und wo is d' Muatter?«

Die Kleine hatte eben begonnen, aus einem großen irdenen Hafen mit einem alten Messinglöffel sorgsam den Kaffee durch den pichigen Seihbeutel in die Schüsseln zu gießen; da kam ich mit meiner Frage nach der Mutter.

»Is s' net dahoam, dei Muatter?«

Sie hielt inne mit ihrem Eingießen und sah mich groß an. Dann sagte sie kurz: »Naa. Drobn is s' hinter der Kirch.«

»In Gottsacker?«

»Ja.«

Sie langte aus einem rostigen Blechkasten etliche Zuckerstücke und warf sie in die Schüsseln.

»Tuats a Grab richten?« fragte ich.

Da wurde ihr Blick groß und fremd.

»Dees is scho gricht, 's Grab«, sagte sie; »sie liegt ja selber drin seit drei Jahr.«

Ja so!

»Und du hast koa Schwester? – Aber a Dirn werds halt habn?«

»Mir! – Naa. Mir habn koa Schwester und koa Dirn!«

»Ja, – wer tuat nachher bei enk die ganz' Hausarbeit?«

Das Maidl reckte sich und sagte sehr selbstbewußt:

»I. – I arbat's Haus und an Stall!«

»Aha.«

Ich brachte sonst nichts heraus.

Bis die Kleine neugierig fragte: »Zwegn was bist denn da? – Wem ghört denn der Hund?«

»Gfallt er dir, der Hund?« fragte ich statt aller Antwort wieder.

»Ja. Doch scho! – So oan möcht i glei! Gibst 'hn net her? Der Vater brauchet oan!«
Ich seufzte scheinheilig: »Ja ... mei ...«
Das war in diesem Fall auch das Gescheiteste.
Die Kleine bekam plötzlich eine große Zuneigung zu dem Tier und ein Verlangen, ihn zu besitzen.
»Is er a guater Hund?« fragte sie und warf ihm einen Brocken von dem Guglhupf hin. »Taugt er was? – Beißt er mi net, wann i 'hn anrühr?«
Ich wollt grad sagen, daß er sehr scharf wäre; aber da hatte sie ihm schon ihre Hand auf den Kopf gelegt und streichelte ihn.
Und Lord? – Der Tropf ließ sich willig streicheln und sah verlangend nach dem Guglhupf, von welchem sie ihm auch gleich noch ein Stücklein gab.
»Ja was!« rief sie aus. »Der beißt ja gar net! Den muaß er glei kaaffa, der Vater! – Du gibst 'hn doch her?«
Ich muß sagen: dieses hagere, kleine Dirndl kam mir wirklich vor wie eine richtige Bäuerin. Und so behandelte ich es auch.
Darum erwiderte ich ganz kurz: »Er ghört gar net mei.«
»Neet?! – Wem denn?«
»An Rieger z' Reith.«
»So so – dem.«
Sie betrachtete ihn nachdenklich und meinte endlich:
»Moanst, daß 'hn der net hergibt?«
Worauf ich ebenso nachdenklich antwortete: »I woaß 's net.« Im stillen aber frohlockte ich schon über das feine Geschäft, und ich wollte mich nachher schon an diese kleine Bäuerin halten wegen meines Schmuserlohnes. –
Das Maidl hatte unterdessen von der Milch aus der Pfanne in die Kaffeeschalen gegossen und stellte sie an ihre Plätze; dann stieg sie wieder auf den Hocker und zog mit vieler Kraftanstrengung den Kupferkessel vom Feuer.

Ich wollte ihr helfen, doch sie meinte: »Laß's nur stehn! Dees kann i scho alloans! Dees mach i alleweil alloans!« Damit holte sie mehrere Holzschäfflein, goß in jedes etliche Schapfer voll von dem dicken, brandelnden Zeug, teilte den Rest der Milch aus der Messingpfanne darein und füllte die Gefäße schließlich mit Kleie und kaltem Wasser voll.

»Soo«, sagte sie geschäftig; »jetz muaß i gschwind meine Fackerl füattern und d' Küah melchan. Net daß der Vater schimpft, wenn er vom Feld hoamkimmt!« –

Ich war ganz starr vor Staunen. Aber das Dirndl schob mir einen wackligen Polsterstuhl zurecht und meinte: »Hock di a weng nieder derweil, daß d' ins an Schlaf net außetragst! – Er werd nimmer gar so lang aus sein, der Vater.«

Nun hatte ich Muße, mir die Kuchel genauer zu betrachten; aber ich wunderte mich nun nicht mehr.

Ich saß still auf meinem Sessel, und Lord legte sich grohnend zu meinen Füßen nieder.

Im Herd sangen ein paar schwelende Scheiter; etliche Russenkäfer liefen ängstlich aus der klaffenden Spalte einer Ofenkachel, – die alte Wanduhr hackte gemächlich ihr Tick-Tack, und Hunderte von Fliegen tanzten und schwirrten um die zerbrochene Lampe, die von der rußigen Decke herabhing.

Die Abendsonne blinkte matt durch die blinden Fensterscheiben, warf einige Strahlen in den Spiegelscherben über der Anricht und machte mich schläfrig.

Da hob der Hund plötzlich knurrend seinen Kopf und wollte zähnefletschend an die Tür springen, so daß ich ihn mit Gewalt halten mußte.

Gleich darauf trat der Simmer ein.

Lord fuhr wie der Teufel auf ihn los, indes ich sagte: »Grüaß di Good, Simmer! – Geh, paß a bißl auf, – er is narrisch scharf!« – Aber der Simmer lachte.

»Ah was! Scharf! Dees bißl Kehlzen da! – Moanst, daß i mir vor dem fürcht! – Derfst 'hn guat auslassn!«
»Ja freili!« meinte ich und riß den sich wie toll gebärdenden Lord an mich. »Wenn er dir nachher auffespringt! – Der zreißt di ja! Der zreißt an jeden Fremden, der eahm in d' Nahend geht!« – Der Simmer lachte immer mehr.
»Dees waar ja recht!« meinte er vergnüglich. »Dees kunnt ja i braucha, daß er scharf waar! Heunt nacht hätt i 's glei braucha könna! – Aber der is ja net scharf! Der tuat ja grad a so! – Da . . . werst es glei sehgn . . .«
Er trat furchtlos ganz nahe an Lord heran und wollte ihn packen, gleichsam um zu zeigen, daß er ihm nichts täte; aber mein Hund kannte keinen Spaß und hatte ihn schon bei der Hose.
Ich rief erschrocken irgend etwas und riß den Hund zurück bis an die Kucheltür.
Der Simmer aber sagte höchst erstaunt: »Jetz dees hätt i aa net glaabt! – Der beißt ja! Der packt oan ja o! – Dees is amal a saubers Viech!«
Ich erwiderte schüchtern, daß ich ihn ja gewarnt hätte.
Aber eine Handbewegung hieß mich schweigen.
»Wem ghört denn der Lackl?«
»An Rieger z' Reith.«
»Verkaaft er 'hn?«
»I woaß 's net. Kann scho sein.«
»Aha. – Jetz, i möcht 'hn net. – Naa, gar net.«
»Warum?« wagte ich zu fragen.
Doch der Simmer lachte.
»Warum? – Weil i 'hn net möcht. – Weil er nix is. – Oder is der Hund vielleicht was?! – Is koa Dackl und is koa Schnauzl! – Und koa Schafhund is's aa net!«
»Aber a Dobermann! – A reine Rass', Simmer!«
Der Alte schlug sich vor Vergnügen auf die Schenkel, so daß Lord beinahe wieder wild wurde.

»A reine Rass'? – Ja was is denn dees!« rief er. »Mit dem Kopf! – Mit dem Gstell! Und mit dem Schwoaf! – Der hat ja an Schwoaf wia a Has! Dem habns ja sein Schwoaf bei der Wurz wegghaut! – Und a Trumm von sein Hintergstell aa no dazua! Und die Ohrwaschl! – Mei Hund, wia habns denn dir deine Ohrwaschl zuagricht! – Wia wenn a Schuellehrer über di kemma waar. Net amal aufgspahnlt hams dirs! – Und die Haxn! – Braune Haxn! – Für an schwarzn Hund braune Haxn! . . . O mei, o mei! – An solchen Hund möcht i aa habn! – Ja was is denn dees! – –«
Ich hatte ihn geduldig und still angehört. Und je länger er redete, desto geduldiger wurde ich; denn ich hätte nicht selber von Bauernart herstammen müssen, wenn ich ihn nicht längst durchschaut hätte!
Ich ging also scheinbar gar nicht auf seine Schmähungen ein, sondern sagte: »Der Rieger laßt fragn, ob er von deiner Sau a Fackl habn kann. Und obst der Riegerin koane Henna woaßt. Sie brauchet a Stuckera sechse.«
Aha. Er zappelte schon!
»A Fackl möcht er?« wiederholte er interessiert. »A meinigs Fackl? Ja no, warum net? Geh, hock di no a weng nieder mit dein Viech! Da is Platz gnua – auf 'm Kanapee!« –
Und dann warf er Lord einen Brocken Guglhupf hin.
Aber es war, als ob der Hund genau gewußt hätte, daß es sich jetzt um die Wurst drehte: er nahm das Geschenk nicht an und bestand so eine schwere Probe auf seine Unbestechlichkeit.
Ich gab ihm den Brocken und lobte ihn; aber dabei schielte ich verstohlen hin zum Simmer und erwischte ihn auch richtig, als er eben sehr wohlwollend nach dem verachteten Viech hinsah und die Lippen spitzte, als wollte er pfeifen.
Dann ging er ohne ein Wort aus der Kuchel.
Was nun? Sollte ich bleiben oder gehen?

Ich glaubte meiner Sache ziemlich sicher zu sein; darum blieb ich.
Und setzte mich auf das Kanapee.
Aber . . . barmherziger Himmel! – Was war das!?
Ich sank in eine Grube, – in ein Grab hinab, aus dem es kein Emporkommen mehr gab in alle Ewigkeit-Amen, wie es mir vorkam.
Und so sagte ich denn halblaut zu mir selber: »Pfüati Good, schöne Welt! Pfüate Good, Rieger! – Mich siechst nimmer!«
Wie lange ich in der Versenkung weilte, weiß ich nicht mehr so genau. Aber es muß wohl eine ziemliche Spanne Zeit gewesen sein; denn ich hörte den Mistkarren vier-, fünfmal aus der Stalltür quieksen, die Hühner eintreiben, Peitschen knallen, Ochsen ausspannen, – zum Abend läuten.
Und dann vernahm ich plötzlich draußen im Hof den Ruf: »Huz, huz, huz! Fackei, Fackei, Fackei!«
Und dazu ein Grunzen, Schreien und Grohnen, daß es mich wie ein elektrischer Schlag durchfuhr.
Das waren ja die Ferkel, von denen eins an Lords Stelle treten sollte! –
Ich saß und horchte mit stiller Freude, indem ich mich schon im Geiste heimtraben sah, ein feistes Schwein am Strick und ein paar Tauben im Sacktuch.
Indem kam die kleine Bäuerin zur Kucheltür herein, glühte vor Eifer und sagte: »Du, i möcht wissen, ob er mit mir geht, der Hund! I probier's amal, ob er sich ums Haus ummaweisen laßt, ohne daß d' dabei bist!«
Ich wollte meine Zweifel äußern, aber Lord, dieser Tropf, überhob mich sogleich derselben; denn er ließ sich willig von dem Dirndl schmeicheln, beim Strick nehmen und hinausführen.
Nun muß ich schon gestehen: das hatte ich nicht erwartet!

Und ich setzte voll Vergnügen an die Stelle der zwei Kropftauben in mein Sacktuch zwei junge Leghennen als meinen Vermittlerlohn; mich selber aber setzte ich behaglich und zufrieden noch bequemer in die Versenkung, indem ich dachte: »Der Simmer wird dir schon wieder daraushelfen, wenn er dir die Sau zum Heimführen übergibt!« –

Es war ganz still und dämmerig in der Kuchel, und das Schmatzen und Grunzen draußen im Hof klang gedämpft zu mir herein.

Aber – mit einem Male – – – ein Schrei, der mir durch Mark und Bein fährt! – – – Ein jämmerliches Quieksen, ein Heulen, Plärren, – heiseres Bellen, – wütendes Schimpfen, – Hilferufe ...

Und ich kann nicht mehr aus meinem Kanapee heraus! Und höre, wie da draußen die Welt zu einem Gomorra wird und zu einem Sodom!

– Da fällt ein Schuß! – Jetzt ein zweiter! –

Und als ich glücklich aus meiner Tiefe empor und bis zum Fenster gekommen war, da hatte ich nur einen Blick hinaus getan, um schleunigst und lautlos durch die hintere Haustür zu verschwinden.

Denn im Hofe lagen drei tote Ferkel und ein toter Hund, – mein Lord, – und der Simmer stand davor – mit der rauchenden Büchse in der Hand – und sah sich, vor Wut bebend, um. – Wie es mir schien, nach einem *dritten* Ziel!

Der Steinriegerbauer

Es war grad um die Zeit, da man die Sensen dengelt und das Korn schneidet in der großen Ernte; da starb des Steinriegerbauern eheliche Hausfrau und Bäuerin einen jähen Tod.

Es ist nicht gut, wenn einer muß in seinem Haus die Totenschragen aufrichten und eins von seinen Lieben zur letzten Ruh bestatten. Aber es ist am End doch zu überwinden; und gar zu einer Zeit, da man vor Arbeit nicht lange der Weil hat, zu seufzen und zu trauern.

Auch beim Steinrieger wars so.

Grad in den Tagen, da man am liebsten noch ein Trumm angestückelt hätt an die vierundzwanzig Stunden, da man die schwülen Vollmondnächte nützte mit dem Mähen der Garbe, – gerade zu dieser Zeit ging sie dahin, die Steinriegerin.

Ein Schlagfluß machte ihr das Herz still und die regsamen Hände starr und untätig für immer.

Sie, die doch werken sollte in Stall und Haus, die sorgen sollte für Speis und Trank, für des Steinriegers und seiner Schnitter Notdurft und Gesundheit, – sie legte sich hin und starb.

Ließ das Feuer am Herd erkalten und die Mittagglocke verstummen, das Vieh brüllen und das Hauswesen verkommen.

Denn wer sollte droben in der Schlafkammer das Bett aufmachen, Kisten und Schreine ordnen und die Spinnweben aus den Ecken kehren, wenn sie es nicht mehr tat?

In einer Zeit, da doch Kucheldirn und Stallmagd draußen werken mußten vom frühen Tag bis in die späte Nacht!

Was Wunder, daß der gute Steinrieger nach dem Eingraben beim Leichentrunk droben im Wirtshaus ein Krügl ums ander leerte und dazu brummte: »Akkrat jetz in der Ernt hats mi hänga lassen, die Alt! Hätt man d' Annemirl draußen am Feld so nötig braucht, und jetz muaß man s' hoamhocken lassen ins Haus und in Stall! – Tät not, i schaffet mir auf der Stell a Wirtschafterin an.«

Ja ja. Es war nicht so unrecht, was er sagte. Aber er hätte es trotzdem nicht sagen dürfen; denn er verdarb sich viel damit bei seiner und der Verblichenen Freundschaft.

Denn die Schwester der seligen Bäuerin sagte es geradeheraus: »Da siecht ma 's wieder, was s' eahm golten hat, mei arme Schwester! Grad zu der Arbat is s' eahm guat gnua gwen! Grad als a Magd hat er s' braucha kinna! Wenns anderscht gwen wär, hättens ja do Kinder herbracht! Aber net oa oanzigs Kind hams ghabt mitanand! Net oa oanzigs!«

Und sie redet laut und unverhohlen und hetzt auch noch die andern drauf. Aber des Steinriegerbauern einziger Bruder fällt ihr grob ins Wort: »Red nur wieder recht saudumm daher, du alter Predigtstuhl! Daß s' koane Kinder ghabt ham! – I bin froh, daß koa so a Wuzlwar da ist! Was sands denn nutz, die Schratzen? Gar nix. Grad daß s' der Verwandtschaft 's Erbteil wegfressen. – Herrvergeltsgott, daß amal für unseroan aa epps außaschaugt, bal er stirbt, der Hausl.« – »Wenn eahm net no amal 's Heiratn einfallt!« mischt sich eine alte Base ein. »I fürcht, ös brauchts gar net lang z'warten drauf, nachher hat er wieder oane. Der is alleweil scho a bißl a lustiger gwen, der Stoariagerhausl!«

Zum Wittiber aber sagt sie laut: »Wia denkst dir jetz nachher du die Gschicht, Vetter? Moanst net, daß d' no amal ans Heiratn denka muaßt? – Ohne Wei' wirst net guat furthausen kinna!«

Der Steinrieger schaut sie mit glotzenden Augen an.

»I denk mir gar nix. Daß i jetz hoamgeh, denk i. Und daß mir morgn leicht a fünf, sechs Fuada Woaz hoambringen, bal's Wetter aushalt't.«

Damit steht er langsam auf, trinkt sein Krügl leer und wendet sich zum Gehen.
An der Tür dreht er sich nochmals um und murmelt: »Moants, was 's mögts. – I tua, was i mag.«
Und dann geht er gemach heimzu. –
Die erste Zeit nach dem Abscheiden seiner Bäuerin ist keine gute für den Steinrieger. Überall mangelt ihm die Hausmutter; in der Kuchel, in der Speis – im Stall und in der Scheune; des Morgens beim Aufstehen und des Abends beim Niederlegen.
Wie es denn auch sonsten im Leben so ist, daß man jegliches, was man besessen, erst zu schätzen weiß, nachdem man es verloren. –
Darum treibts auch den guten Steinrieger des Tags oft drei-, viermal hinüber zum Gottesacker und hin zu dem kleinen Hügel, darunter seine liebe Bäuerin ihre dunkle Ruhstatt gefunden.
Da stellt er bald einen Rosmarein, bald ein blühendes Geraniumstöcklein auf den schwarzen Erdhaufen oder auch ein Schüsselchen mit Weichbrunn für die friedsame Ruhe seines seligen Eheweibs.
Und er klagt der Toten seufzend seine Schmerzen und seinen Verdruß: daß ihm die Arbeit nimmer von der Hand ginge, – daß es wohl ein rechtes Kreuz wär mit dem faulen Dienstvolk, – daß halt *sie* ihm abginge auf Schritt und Tritt, und daß sein eheliches Himmelbett ihm nimmermehr den guten Schlaf bereite wie vordem. –
Allmählich aber wurden seine Besuche seltener und seine Unterhaltungen auch kürzer. –
Und zu guter Letzt kam er nur noch an den Feiertagen vor der Kirche auf ein Vaterunser hin zu ihr und gab ihr den Weichbrunn mit den Worten:
»Es geht nimmer alloans. I muaß wieder heiraten. Nimms net für unguat.«

Also findet man den Steinrieger mittendrin wieder auf Freiersfüßen.
Freilich nehmen es ihm die Anverwandten übel. Doch er schaut nicht lange um sich, sondern hört fleißig hierhin – dorthin, ob nicht von einer die Rede wär, die er sich nehmen kunnt als Hausfrau.
Und da die Schmuser es allmählich innewerden: der Steinrieger sucht eine Bäuerin, – da kommen sie wie die Bettelleut am Freitag.
Jetzt kann er sich auswählen, was er will, der Bauer.
Eine mit fünfzigtausend Mark und einem Kropf, so groß wie ihr Geldsack. – Eine mit dreihundert Tagwerk Grund, doch mit einer alten Schwieger, die ihm gewißlich die Höll heiß machen tät. – Oder eine dritte mit eigenem Bauernhof und sechzig Stuck Vieh, eine Wittib. Allein an ihrem Karren hängen auch vier Kinder aus der ersten Ehe, die er doch billigerweis mitheiraten müßt.
Dies ist also nicht das Rechte.
Da kunnt ihm die dicke Breitmoserin von Berganger noch ehender taugen. Die hat nicht Kind noch Kegel, nicht Vater noch Mutter, – kein Leiden und kein Gebresten.
Eine Vierzigerin, groß und stattlich, hat sie einen schuldenfreien Hof und einen ansehnlichen Geldsack.
Und da ihr Breitmoser erst vor wenig Wochen gleich der Steinriegerin dahinging, ist sie noch zu freien.
Das wär ehender eine Bäuerin in seinen Hof!
Und so tritt er denn nach der Grummeternte über ihre Schwelle und sagt: »Grüaß di der Himmel, Breitmoserin. Der Schimmelwirt sagt, du hättst zehn oder zwölf Tagwerk Holz zum verkaaffa. Is dees wahr oder net?«
Dabei betrachtet er blinzelnd ihr großmächtiges Ich und denkt: »Guat beinand. Recht guat.« Die Breitmoserin ist nicht dumm. Sie ruft sogleich der Kucheldirn: »Rosina! An Happen Fleisch eina fürn Stoariager und a Bier!«

Und sie langt den Brotlaib samt dem Salzfaß aus der Tischlade, indem sie sagt: »Werst Hunger und Durscht habn von dem Marsch. Hock di a weng nieder und iß an Brocka. Gsegn dirs Good.«

Aber da nach einer Weile die Kucheldirn zur Tür hereinkommt, gibts dem Steinrieger einen Riß durch Leib und Seel.

Denn was er da sieht, ist nichts anderes als sein eigen Fleisch und Blut, seine lebendige Jugendsünd, seine Tochter.

Eine jähe Hitze steigt ihm auf, und er fragt die Breitmoserin: »Wia lang hast es denn scho, dees Dirndl?«

»D' Rosina?« erwidert die Bäuerin. »Die hab i erscht auf Liachtmeß eingstellt, wia ihra Muatta ins Narrnhaus kemma is. Aber sie taugt mir net. Sie is mir z' langsam.«

Da meint der Steinrieger: »I kunnts glei braucha. Bals aa koa Gschwinde net is. Balst nix dawider hast, nimm i s' mit.«

Selbstverständlich hat sie nichts dawider, die Breitmoserin! Sie wird doch ihrem zukünftigen Hochzeiter keine Bitte abschlagen! –

Also packte die Rosina ihr Bündel zusammen und ging mit dem Steinrieger.

Da war sie nicht lange Kucheldirn. Denn der Steinrieger hatte am drauffolgenden Sonntag eine langwierige Zwiesprach mit seiner seligen Bäuerin droben am Friedhof. Und er beichtete ihr allerhand und meinte: »Muaßt mirs net für unguat nehma. A jeder is amal jung gwen. I versprich dir dafür, daß i nimmer heirat. Daß i mitn Dirndl zsammhaus', solang i no leb auf dera Welt. Und als a eigens onehma tua i 's aa.« – –

So kam es, daß der Steinrieger seine Verwandtschaft um ihr Erbteil betrog und doch nimmer heiratete.

Also, ganz Straucharting war in Aufregung. Jetzt hatte der Malefizlump, der schon seit einem Vierteljahr die ganze Gegend unsicher machte, auch noch die Leonhardi-Kapelle heimgesucht und beraubt!

Jawohl. Hört's nur zu! Der alte Kuglmüller erzählt's euch selber:

Ja no. – Also, mir halten no vor drei Tag drenten in der Leonhardikapelln inser Sankt Annafest.

Wie halt alle Jahr. –

Der Lump, der miserablige!

Hat ma si a so gfreut ghabt über dees scheene Sach, wo s' allsamm g'opfert ham, insane Dirndln und d' Weiber und d' Ehhalten!

Wie zum Beispiel d' Singerrosina: opfert insana heilinga Muatta Anna vo Selbdritt a wunderscheens silberns Nachtlicht; hängt ihr aa no a silberns Herz an ara goldenen Schnur um den Hals. Zwegn an bsundern Anliegen halt.

Und d' Nagelschmiedvroni stellt vier neue, vergold'te Kürzenleuchter zum heilinga Leonhardi hin, daß ihran Vatan d' Kundschaft vom Huafschmied net untreu werd; ja no – weil halt sie an Huafschmied sein Kaschban gern siecht.

Mei liabe Zeit!

Net wahr: und d' Kathl vom Lebzelter steckt auf die vier Leuchter vier Kürzen auf; – also – so dick wie mei Arm, – da lüag i fei net! – Ganz großmächtige halt, – mit golderne Schnörksel und blaue Bleamel und feuerrote Herzen; und zwar in dera Meinigung, daß der Kaschba vom Huafschmied gar nia koa anderne net oschaugn sollt – als wia sie.

Jetz rechnets nachher no die Häufa Votivtaferln dazua, die Opferwachseln, die Kronataler, die Pack Granatrosen-

kränz mit dee Filigrankreuzeln dro ... nachher müaßts es do selber sagn, daß oan da 's Herz weh toa kunnt, bal ma si überlegt, daß jetz dees alls mitanand pfutsch is.
Jawohl. – Alls is dahi. – Verschwunden. – Außagräubert.
Und vo wem? – Vo neamd andern als wia von dem Erzlumpen! – Vom rotn Blasi! – Von dem Rauber, dem ganz gfahrlichen! – Mei Liaber! – Dees is oana! Net amal 's Viech in Stall is sicher vor dem Spitzbuam.
An Sunnwender hat er glei dees schönste Millikaibe vom Stall außa! – An Burgamoasta fangt er die foastest Gans direkt vom Weiher weg! – Der altn Schneiderwabn zwickt er den besten Anzug, den wo s' grad zum Aufbügeln im Haus hat, pfeilgrad vom Nagel abe, – no dazua is 's an Herrn Posthalter der seinige! ... Kurz und guat: Schandtatn über Schandtatn.
Von die Schaf und von die Rehböck red i gar net, die wo der scho gwildert hat! –
Ja – und moanst, daß ma den Kerl dawischn kunnt? – Daß ma eahm amal guatding zuawikemma waar? – Ausgschlossen! –
Mir is völli ohne Herrschaft gwen. – Sogar d' Obrigkeit.
D' Schandarm rennan si d' Füaß außa – umasinst. Der Kerl is heunt da, – morgn da, – heunt verschwind't er, – und morgn meld't er si wieder, – bal er wo epps in der Nasn hat. –
Ja no. – G'raacht hat er ins ja scho lang über den Erzlumpen; – aber auf dees nauf – in der Leonhardikapelln, – da hats kocht bei dee Leut.
Dees war a so a Wuat! – Da is 's anderscht zuaganga beim Lampelwirt! –
Der Behringergustl hat glei in Tisch einghaut.
»Dees is ja der reinste Schinderhansl!« hat er gschrian; »der treibt ins ja d' Roß und d' Küah aa no furt, bal nixn gschiecht dagegn!«

Und der alt Stauffer hat gmoant: »Dees is scho schier a Kneißl Hias! – Mir grausts, bal i grad dro denk, an den Bazi!«
Aber der Kronabauerngirgl hat geschrian: »Ja, was waar denn jetz net dees, Stauffer! – Werst di do net ferchtn! – Kreizkiesel! – Mir soll er halt unter d' Pratzn kemma! – Dergarma tua i 'hn! – Dermergln!«
Und vor lauter Gift speizt er in d' Händ und fahrt sein Nachbarn, an Ödhofer, a so an d' Gurgel, daß der glei ganz blau worn is und nach Luft gschnappt hat.
Aber da is der Reinerxaverl dreigfahrn! –
»Sakra, laßt net glei aus!« hat er plärrt. »Siechst net, daß d' 'hn dadrießlst?!«
Und packt also an Girgl und reißt 'hn zruck.
Kaam hat der Ödhofer wieder a Luft gspürt, springt er natürlich auf und gibt an Girgl a Mordstrumm Watschn.
Der laßt si dees net gfalln, stößt an Ödhofer mit der oan Faust untern Tisch eini, – und mit der andern gibt er die Schelln an 'n Reinerxaverl weiter. – Jetzt stinkt er natürli dem, und er wirft den oan an 'n Girgl und drischt 'hn a so, daß 's grad a wahre Freud is.
Ja no. Der Kronabauerngirgl hat halt a Schmalz. Der kon si ja wehrn! – Hat si aa net lauig gwehrt! – Und der Ödhofer ist aa koa Loadschwanz, verstehst! – Und die andern, wo zuagschaut ham, di ham si aa denkt: mittoa is scheena wia 's Hersteh!
Kurz und guat, – es is ganz oafach amal richti aufganga.
D' Tisch und Bänk ham kracht, Stühl und Maßkrüag san gflogn – und d' Stieflsteckel ham si bald bei dem oan, bald bei dem andern z' oberst draht.
Und d' Fäust von dee Obern ham brav an Takt trommelt auf dee Schädeln von die andern, die wo z' unterst pfiffen ham. Grad schee is 's gwen!
Auf oamal hört ma 's Gebet läuten.

Bua! – Da is 's ganga! – Auf d' Höh alls mitanand; der Ödhofer laßt an Stuhl sinka, den wo er grad nach 'n Baderhausl hätt werfa wolln – der Girgl laßt 'n Neumüllerhiasl sei Gurgl locker – kurz – auf ja und naa is 's mäuserlstaad gwen und a scheene Ruah, wias halt der Brauch is, bal 's Armeseelnglöckerl läut't.
Aber na hat ma 's Läutn aufghört.
Da sagt der Hiasl: »'n Abnd!«
Und funkelt mit die Augn.
Die andern aa: »'n Abnd.«
Und speizn in d' Händ.
Und der Girgl packt an Hiasl, der und der ander bsinnt si aa net lang, – und im nächsten Augenblick geht also die Raafferei brav lusti weiter.
Bis mittndrin d' Tür aufgeht und der Herr Pfarrer einageht: »Ja – Buam! – Was is denn jetz dees?!«
»Ah nixn!« sagt der Ödhofer. »Gscherzt ham mir a wengl!«
Und hockt si scheinheili auf sein wacklign Stuhl.
Und der Girgl wischt si 's Bluat von der Nasn und beteuert's ganz treuherzi: »Jawoi, Herr Hochwürdn; grad a weng Dummheiten gmacht ham mir! – Grad schnackerlfidel sam mir!«
Und dazua schlagt er mit dee zerbissenen Händ auf die Lederne, schnacklt mit dee Finger und singt oa Gstanzl ums ander.
Aber er hat 'hn scho kennt den Bratn, der Herr Pfarrer.
»Ha, daß 's denn nachher gar so gscherzi seids?« fragt er interessiert; »zwegn was denn?«
Da fahrts an Behringergustl aa scho außa: »Ah! – Zwegn an Räuberblasi! – Zwegn dem Schinderhansl! – Dem Teife, dem rothaaretn!«
Und der Girgl plärrt: »I kriag 'hn aber! – I derwisch 'hn! – Dees woaß i! – Aber . . . Gnade eahm Good, nachher!«

Hat scho wieder in d' Händ gspeizt; derweil is eahm zum Glück no der Herr Pfarrer eingfalln; – no, da hat er a paarmal verlegn gschlünd't und sei ganze Halbe Bier auf oamal abeg'gossen.
Und nachher is er aufgsprunga: »Manna, Leut! – Wer a Schneid hat, der tuat mit! – Jetz gilts amal den Malefizhaderlumpen – den verreck . . .«
Dees ander hat er gschwind wieder abegschlündt.
»Jawoll!« sagt der Stauffer; »kenna tean man 'hn glei: kloa is er – mager is er – an rotn Vollbart hat er. Der Oberförster hat 'hn beschriebn. – Feit si nixn. – Den kriagn ma scho. – I trau mir!«
»Und i aa!« hat der Gustl plärrt. Und die andern damit.
Der Herr Pfarra hat si aa no eingmischt: »A recht a Lump is er scho!« sagt er; »gestern hatn der Herr Oberförster drobn beim Burgermoaster sein Holz gsehgn; hinterm Strahschuppen is er ghockt und hat auf an Rehbock paßt.«
»A so a Lump! – Dem wern mir's austreibn, 's Wildern!«
Der Girgl hat an Schwur to, daß er 'hn fangt – tot oder lebendi.
Und an Plan hat er aa gwißt.
»Hinter der Strahschupfa werd a Kaibe oghengt, – und mir schliafan in d' Schupfa eine und lusen. – Un bal er kimmt . . .«
Der Ödhofer is schnell wegagruckt . . .
»Gfeit is 's um den Lumpn!« ham die andern gsagt.
Also hat's golten.

Guat. Den andern Tag, auf d' Nacht um zehne.
Die ganz Bande liegt in der Strahschupfa und lurt.
Is scho stark dunkel gwen im Holz. Mir hat kaam mehr eppas vom Kaibe gsehgn, dees wos am Baam anghängt ghabt habn.
Der Reiner hat sei Stierkaibe hergebn dazua; und jetzt hat

er natürli Angst ghabt drum und hat in oan Trumm gfragt: »Habt's es guat oghengt?«
Aber der Girgl hat gsagt: »Feit dir nixn. Bis der de Kettn ababringt, derweil hab i 'hn lang bei der Gurgl!«
Auf oamal knackst's im Holz.
Jetzt kimmt er.
Ganz zsammduckt. Mit sein Vollbart.
Direkt aufs Kaibe zua.
Und die andern hörn, wia er staad sagt: »Ah! Dees is guat! A Kaibe!«
Und dazua lacht er.
Aber jetz!
»Los!« wischbert der Girgl; und allsamm san da. – Der oa hätt schnell davo wolln. – Aber sie ham 'hn scho ghabt.
Und dees richti.
Der Girgl schiabt eahm glei sei Schneuztüachei ins Maul, – der Xaverl bind't eahm d' Händ aufn Buckl, – und die andern fangen o zum Dreschn.
Richti. Woaßt!
Bis der Stauffer gmoant hat, jetz glangts; lebendi sollt er doch no sei zum Einliefern. Zwegn der Straf.
Also ham s' 'hn auf Straucharting zarrt. Zum Schandarmeriewachtmoaster.
Der hat natürli scho gschlaffa.
Da hams plärrt: »Aufmachen! – An Kneißl ham ma! – An Rauber! – Den rotn Blasi!«
Wie seinerzeit d' Judn mit insan Herrgott, – a so sands daherkemma.
Der Wachtmoaster is net viel derschrocka gwen! – Außa ausm Bett, – eine in d' Hosen, – hin zum Fenster.
»Glei kimm i, meine Herrn!« hat er gschrian, – und hat 's Haus aufgspirrt.
»Soo, meine Herrn«, hat er nachher gsagt; »teats 'hn nur glei rein da! – I zünd grad gschwind a Liacht o!«

Sei' Stimm hat ganz zittert; und 's Wasser is eahm in die Augn gstanden vor lauter Freud.
Und nachher hat er 's Liacht bracht.
Aber, – insa liaber Herr, – er tuat grad oan Blick auf dees verschwollne Gsicht vom Blasi, ... da fallt eahm d' Lampn aus der Hand.
»Mariand Josix!« schreit er auf. »Der Herr Oberförschter!«
Woaßt, wia sa si da verzogn ham, die oan! – Ganz staad – – oana um den andern! –
Mittn in der Nacht fallt dem Reiner Xaver sei Kaibe ein.
»Heiligs Kanonawetter! – Dees hängt no ...« – Er – auf – und außi.
Is aber nimmer droghängt an dem Baam. Und der rote Blasi is scho am andern Tag in der Fruah handelsoans gwen mitn Schinder vo Michaelsreith – zwegn an Stierkaibe. –
Der Lump, der miserablige!

Das neue Hausregiment

Der Schiermoser sitzt auf seinem alten Lederkanapee und wettert und greint.

»Wia i halt sag: wenn insa Herrgott oan verderbn will, nachher schlagt er 'hn mit Blindheit. Und wenn der Mensch blind is, nachher heirat er. Nachher nimmt er si so an langsama Selbstmord ins Haus, wias du oana bist, du alts Fegfeuer!«

Er schnupft und schlägt giftig den Deckel seiner Tabaksdose zu.

Sein Weib, die Schiermoserin, sagt gar nichts, stellt den Dreihax auf den Tisch, legt das Eßzeug dazu und schaut, ob die Pfefferbüchse nicht leer ist.

Darnach geht sie hinaus, schreit: »Zum Essen!« und trägt die Brotsuppe und die Erdäpfel auf.

Und läßt den Alten grohnen.

Der Schiermoser aber kommt immer mehr in die Hitze durch dies Schweigen seiner Hausfrau; denn er sagt sich: »Dees is Bosheit, daß s' nixn dawidersagt! Lauter Bosheit! Woaß der Deixel, was sie sich denkt unterdem, daß s' ihra Mäu halt't! Nix Gscheit's gwiß net!«

Ja, ja. Er ist nicht zufrieden mit seiner Ehefrau, der Schiermoser. Mit ihr nicht und mit ihrem Hausregiment nicht.

Und seine tägliche Rede ist die: »Ehanda werds nix, eh net i da herin s' Regiern ofang! Wo ma hischaugt, siecht ma d' Weibsbilderarbat. Und was is di wert? – Koan Schuß Pulver!«

Unterdessen setzen sich die Ehehalten an den Tisch, und die Schiermoserin betet ihr: »Vater, segne uns Speis und Trank.« –

Dann essen sie.

Der Bauer aber hockt immer noch auf dem Kanapee, schaut voller Neid und Gall auf die hungrige Gesellschaft am

Tisch, denen die Brotsuppe so gut schmeckt, obgleich sie gewiß und sicherlich nichts taugt wie alles, was sein Hauskreuz macht und tut, und dann beginnt er sein Gefrage, – das »Beichthören«, wie die Mägde sagen.

»Habts de Ochsen an Habern eigschütt?«

Der Oberknecht, der alt Michl, schmunzelt.

»Ham ja 's Gsott no net gfressn, dees wo eah' d' Bäuerin eine hat.«

»Dees R . . .«

Er sagts nicht aus, was er auf der Zung hat.

Aber er fragt noch um ein gutes grimmiger weiter:

»Habts an Klee ganz abglaart?«

»Bis auf oa Fuader«, sagt die Mitterdirn; »sie hat gsagt, dees ko ma morgn aa no ablaarn.«

Auweh. Jetzt ist's gefehlt.

»Natürli! Morgn aa no!«

Er springt auf und vergißt einen Augenblick auf sein Leiden, das ihn schon so lang plagt, – die Gicht.

»Aa no abrichten zu der Faulheit! 's Nixtoa aa no extra oschaffa! Umanandloahna den ganzn Tag und d' Leut ärgern – und aa no die andern dazua abrichtn! Naa, naa! – Daß grad i a solches Weibsbild habn muaß! – Is d' Milli scho ausgossen? – Is d' Kuchei z'sammg'raamt? – San d' Henna eigschbirrt? – Gib an Hennaschlupfschlüssel her! – Bal net a Mannsbild überall hinterdrei arbat, is 's z'erscht nix.« –

Wenn sie halt was dawiderreden tät, die Schiermoserin! Daß man sich die Gall ein wenig wegschimpfen kunnt! Aber nichts sagt sie, – rein gar nichts. Bloß den Schlüssel legt sie ihm auf den Tisch. Dann betet sie ihren Dankgott nach der Mahlzeit.

Indes das Dienstvolk sich lustig macht über ihn, den alten Predigtstuhl, den Grandlhauer, den Knaunzer, den alten.

Der Schiermoser aber geht ächzend hinaus zum Hühnerstall.
Da sitzen schon alle Hennen samt ihrem großmächtigen Schiermosergockel auf der Leiter und blinzeln schläfrig hin zum Bauern, dessen Augen forschend über die Legnester hinstreifen.
Natürlich! Nicht einmal die Eier sind abgetragen worden!
Er muß einen harten Husten bekämpfen, der ihm aufsteigt vor lauter Grimm und Zorn.
»Ja, Himme Kreiz Gruzi! – Jetz da fahr do glei der Deixl drei' in die Wirtschaft! – Aber warts nur! – Die ghörn mei, die Oar! Alle neun! – Von dene sechts nix mehr! – I hab a so no nix Gscheits g'gessen heunt. – Möcht oan ja so der Hunger mitsamt'n Appetit vergeh bei dera Weiberwirtschaft.«
Behutsam nimmt er die neun Eier aus und legt sie in seine Hausmütze. »Soo. Dees gibt a guats Oarschmalz.«
Ein leises Lachen kommt ihn an, da er den Hennenschlupf abschließt und die Eier ins Haus trägt und in die Kuchel.
Da sind sie grad fertig mit dem Geschirrwaschen und Milchausgießen, und die Schiermoserin stellt vürsichtig einen Weidling um den andern in den Milchkasten, legt die Brettlein darauf und baut abermals eine Reihe von Weidlingen darüber. Dabei passiert es ihr, daß sie ein wenigs von der Milch verschüttet; grad in dem Augenblick, als ihr Eheherr in die Kuchel tritt.
Heißa! Feuer am Dach!
»Konnst jetz du gar net aufschaugn! Muaß wieder a Maß Milli dahi sein! Haus und Hof geht mir no untern Händn z'grund, bal net bald a neus Hausregiment einakimmt! Aber dees kimmt scho eina! I wers enk scho no zoagn, wia ma arbat! Ös Weibsbilder überanand!«
Doch seine Hausfrau lacht bloß. Und geht aus der Kuchel.
Und die Dirn mit ihr.

So daß er ganz allein vor dem Herd steht mit seinem Zorn und seinen Eiern.
Mühsam sucht er sich ein Pfännlein, stellt es auf die Glut, schlägt etliche Eier darein und sieht, daß er das Schmalz vergessen hat.
Also holt er eilends einen Brocken aus dem Speiskasten und wirft ihn in die Pfanne.
Da merkt er, daß diese zu klein ist für neun Eier, und er sucht nach einer größeren.
Die große eiserne Schmarrenpfanne erscheint ihm schließlich passend, und er leert alles da hinaus, die Eier aus der Mütze, das Schmalz und die aus dem Pfännlein, die leider derweil stark angebrannt sind.
Endlich setzt er sich auf die Ofenbank und ißt; dabei er aber bemerkt, daß eine Speis ohne Salz und ohne Pfeffer doch nicht so recht schmeckt, wenn solche Gewürze natürlicherweise hingehören.
Doch kann er diesem Mangel ja leicht abhelfen, und er salzt und pfeffert nun sein Nachtmahl mit großer Gründlichkeit, so daß er leider in der Nacht wiederholt aufstehen muß und an den Brunnen gehen, um den Durst zu stillen.
Am andern Morgen überlegt er eben, was er alles an besonderer Arbeit anschaffen könnt, damit das Weibsvolk nicht so den ganzen lieben Tag in Faulheit hinbringen tät, da überrascht ihn seine Schiermoserin mit den Worten: »Alsdann, heunt konnst ja ofanga mit dein' neuen Hausregiment! I tua a Wallfahrt zu insana Frau aufn Birkeistoa und kimm erscht übermorgn auf d' Nacht wieder zruck!«
Damit hat sie auch schon das Kopftuch droben, den Rosenkranz und das Parasol in der Hand und ist zur Tür hinaus.
Er hat nicht einmal mehr Zeit, ihr nachzurufen, sie mög auch bitten, daß ihr unser Herrgott ein bißl von der Dummheit helf; das heißt, wenn bei ihr überhaupt noch was zu helfen wär!

Daß er ihr dies nicht noch sagen kann, ärgert ihn eigentlich, und so steht er schon mit einem Grimm im Herzen auf und geht hinab in die Kuchel.
»Mein Kaffee!«
Kein Mensch gibt ihm an.
Er rennt in die Magdkammer.
Aber da ist schon alles aufgeräumt; die Dirnen sind also schon fort bei irgendeiner Arbeit.
Da muß er sich wohl selber den Kaffee sieden und auch die Milch dazu.
Leider passiert ihm aber dabei das Unglück, daß er dreimal hintereinander den falschen Weidling Milch erwischt; denn er kennt die süße von der säuerlichen, die zum Buttern aufgestellt ist, nicht recht weg.
»Herrschaftseitn!« jammert er. »Jetz hab i scho den drittn Topfa! Is guat, daß *sie* net da is. – No ja, muaß i halt heunt z' Mittag Topfastritzerl essen.«
Unterdessen vergehen zwei Stunden, und der Schiermoser wundert sich, daß drüben im Stall das Vieh so plärrt, so daß er gar keine rechte Ruh hat beim Kaffeetrinken.
»Jetz möcht i grad wissen, was die Deixlviecher heunt habn!« sagt er und schaut schließlich nach.
»Ja so!«
Da ist ja noch keine Kuh gemolken und keine gefüttert! Und der Stall nicht ausgemistet! Und kein Gras gemäht, und kein Gsott hergerichtet!
Der Schiermoser schnauft.
»A bißl viel Arbat is's scho, für oans alloa.«
Aber er bedenkt, daß er wohl hundertmal zu seinem Weib gesagt hat: »Dees bißl Haus- und Stallarbat mach i im Handumdrahn! In ana Stund hab i alles beinand – dees ganze Glump!«
Und so geht er hinaus und dengelt seine Sense zum Grasschneiden.

Und darnach, beim Grasmähen, da wird er ganz fidel und munter, freut sich seines Hausregiments und mäht und werkt so dahin, bis der ganze Anger Butz und Stiel abgeschnitten ist.
»Soo. Jetz ham mir amal vierzehn Tag epps z' fressen für dees Viehzeug«, meint er, »i siech net ei, warum ma alleweil nach dem alten Stiefel furtarbatn soll! Fang ma halt amal neumodisch o!«
Mittlerweil ist die Sonn aber immer höher und höher gestiegen, das Vieh plärrt zum Gotterbarmen, und von der Kirchenuhr schlägts zehn.
Da denkt er ans Melken und Füttern.
Und überlegt, ob's nicht besser wär, wenn er auch hier eine neue Ordnung einführen tät: also daß er den ganzen Dreck und die Arbeit bloß einmal im Tag hätt.
»Kunnt gar net so zwider sein!« meint er. »Mir gibt eahna ganz einfach auf oamal Sach gnua und putzts aa grad oamal. Und bal ma mit dera Melcherei aa grad oamal im Tag d' Arbat hat, so is bloß Zeit gwunna. Alsdann melch i grad oamal.«
Also macht er sich über die Stallarbeit.
Aber er ist noch nicht gar lang dabei, da kommen die Knechte vom Kornschneiden heim und die Dirnen vom Garbenbinden, brummen, daß ihnen kein Mensch eine Brotzeit gebracht hätt, und verlangen grob ihr Mittagessen.
Auweh! Jetzt steigt's ihm heiß auf, dem Schiermoser!
»Was z' essen . . . ja so . . . jetzt hab i ganz vergessen . . .«
Er läßt seine Stallarbeit liegen und rennt in die Speis – in die Kuchel.
»Herrschaftseitn, – was koch i denn – was koch i denn!«
Ratlos steht er vor dem kalten Herd.
»Daß dees spinnade Weibsbild aa wallfahrten geh muaß, wos dahoam an Haufa Arbat gibt!« brummt er schließlich.

»Jetz in der Aarnt, wo ma dee Leut Nudl und a Fleisch gibt!«
Richtig! Ein Fleisch!
Im Nu ist er drunten im Keller am Surfaß.
Mit vieler Müh hebt er die Steine heraus, lupft die Bretter und nimmt ein Stück Fleisch von etwan sieben, acht Pfund.
Da fällt sein Blick auf einen Haufen Erdäpfel, deren Keime langmächtig in die Höhe wachsen.
Aus ists. Vergessen Fleisch und Essen, – Füttern und Melken.
»Saustall, verflixter!« plärrt der gut Schiermoser und wirft seinen Fleischbrocken wieder ins Faß. »Ja, wia schaugn denn die Erdäpfel aus! – Natürli, – wieder d' Weibsbilderarbat! Koa Mensch denkt ans Abkeima, und wenn d' Schoß bis in Himme auffe wachsen!«
Und er kniet schon in der Ecke und werkt und keimt ab, was's Zeug hält; eine halbe Stund, – eine ganze, – zwei – drei.
Derweil stehen und lehnen droben die Knecht und Mägd herum, brummen und schimpfen über die verrückte Wirtschaft und suchen sich schließlich selber was zu essen: Eier, Butter, Rahm und Bier.
Wenig ists nicht, was sie sich nehmen: leichtlich das Mittagmahl und ein paarmal Brotzeit! Halt so an die sechzig Eier, einen schweren Brotlaib samt einem ordentlichen Butterwecken und was der Mensch sonst noch braucht, wenn er sichs nicht schlecht gehen lassen will.
Das Vieh brüllt immer noch, und so werfen ihm die Mägde geschwind etliche Schieber voll Gras in die Barren; dann machen sie sich alle miteinander wieder auf den Weg, hinaus ins Feld.
Die Zeit geht schön langsam ihren Gang dahin, und es wird gemach drei Uhr.

Der Schiermoser hat seine ganzen Erdäpfel abgekeimt, auch das Kraut in der Brente geputzt, den Fleischbrocken in den Hafen gelegt und den Keller aufgeräumt; denn er ist ein gründlicher Mensch.

Jetzt bringt er das Kartoffelkraut in großen Körben herauf und leerts hinaus auf den Misthaufen.

Da hört er die Kälber schreien.

»Jessas! Meine Kaibei ham aa no koa Trank und koa Heu!«

Eilends rennt er zurück in die Kuchel, macht ein großes Feuer an und stellt den Hafen mit dem Gerstenbruch und der Weizenkleie auf, gießt eine Pfanne voll Milch ein und schiebt den Tiegel mit dem Fleisch aufs Feuer.

Dann ruft er kreuzfidel in die Stube: »Kinnts glei essen!«

Doch da ihm niemand antwortet, wundert er sich und meint: »Ja, wo san denn dee? Dee wern do net ohne Essen furt sei? Mei, mir konn do aa net hexen! Oans nach dem andern!«

Er sucht die Leiter her und stellt sie unterm Heuboden auf.

»Jetz muaß i derweil no gschwindse a Kaibeheu abaschmeißn.« – – – »Bauer! – Is Bäuerin drin?«

Ein Handwerksbursch fragts, grad als der Schiermoser über die Leiter hinaufkraxelt.

»Naa. Gar neamd.«

»Soo. Nachher machts aa nix. Pfüa Good.«

»Pfüate.«

Der Schiermoser verschwindet im Heuboden.

Aber auch hier sieht er manches, was ihn erzürnt und ärgert, und es dauert eine gute Zeit, bis er sein Kälberheu in die Tenne hinabwirft.

Endlich erscheint er wieder in der Öffnung und tastet vürsichtig mit dem Fuß nach der Leiter. »Himme Herrgott . . .«

Ja – wo ist denn die Leiter?

Hat einer schon einmal einen Bauern richtig fluchen hören?
Der Schiermoser flucht in diesem Augenblick wie ein Schwed. Wie ein Pandur.
Und drunten tritt aus der Haustür der Handwerksbursch, einen vollbepackten Rucksack am Buckel, einen schweren Korb am Arm, – und neben sich des Schiermosers schönes gutes Rad.
»Pfüate Good, Bauer! Sagst zu deiner Bäuerin: es hat mir nix weiter gmacht, daß s' net dahoam gwen is! Mit dee Manner is viel leichter arbatn, sagst. Gar mit solchene, wias du oana bist!«
Damit schwingt er sich aufs Rad und fährt davon.
Und läßt den guten Schiermoser in seiner Verzweiflung und Wut zurück.
In diesen Stunden kunnt der Teufel wieder viel holen, wenn er Derweil hätt! Alles und sogar den Schiermoser selber!
Ein Glück, daß die Schiermoserin auf dem ganzen Weg keine rechte Ruhe hatte. So gegen Abend kommt sie heim.
Und findet einen ganz kleinen, frommen Eheherrn, der alles, alles hingibt, wenn er wieder herabdarf vom Heuboden: alles – sogar das neue Hausregiment!

Die Ostereier der Reiserbuben

Die Reiserbäuerin von Haagrain sitzt am Rührfaß, dreht langsam das Schwungrad und stützt dazu den linken Ellbogen auf den Deckel des Fasses und das Haupt müd in die Hand, die gemach Perle um Perle des Rosenkranzes an der pichigen Seidenschnur hinabgleiten läßt.
Draußen werken und schaffen die Knechte und die Mägde, die Franzosen und der Alt, der Reiservater.
Denn er selber – der Reiserbauer – sitzt seit Jahr und Tag hinterm Ofen, starrt stumpfsinnig vor sich hin und taugt nimmer zu einem Tagwerk, seit ihn, wie der alte Dorfbader sagt, das Paralyß getroffen hat.
Mag vielleicht auch besser sein für ihn, wenn's gleich nicht gut ist für die andern; weiß er doch nicht, daß er seine Buben nimmer hat, den Sepp, den Girg und den Hans!
Aber sie weiß es – die Reiserin. Sie schaut trüb hinaus auf ihre Felder, die bestellt sind von Franzosen, wo fremde Hände säen und dereinst auch fremde Hände ernten werden.
Und immer seltener rollen die Gebetsperlen, bis sie endlich ganz still zwischen den Fingern der mageren Hand liegen, indes ein leiser Seufzer aus der Brust der Reiserin emporsteigt und sich zur Frage formt: »Für wen hab i jetzt g'arbat? – Für wen hab i g'haust? – Zu was leb i no und werk i no?« ...
Da läuten sie zu Haagrain des Herrn Auferstehung ein.
Und von Reuth trägt's der Wind herüber und von Au; – überall wird's Ostern.
Es ist ein alter Brauch, daß alle Glieder eines Bauernhofes vom Bauern bis zum geringsten Hüterbuben und der Gänsdirn an Ostern so viel Eier erhalten, als jedem die Hennen an einem Tag ins Nest legen.
Und so hat auch die Reiserin droben in ihrer Kammer eine

Reihe von Schüsseln stehen, gefüllt mit Eiern: die eine mit dreißig – die andere mit zwanzig – und die nächste mit vierzig etwa –, wie es halt die Reiserhennen grad gut gemeint hatten mit jedem im Haus: mit ihm – dem Reiser – mit dem Alten – mit ihr – und den anderen.

Eilends läuft sie hinaus in den Hühnerstall, leert die Legsteigen eine nach der anderen und zählt: »Viere – und fünf san neune – und sieb'n san sechzehn – und acht san vierazwanzg – und drei san siemazwanzg. – Dees werd'n leicht gar die mein sein.«

Fürsorglich trägt sie den Reichtum in ihrer Schürze hinein ins Haus und füllt ein Körblein damit; danach kocht sie den Kaffee, backt Küchlein und Krapfen und stellt das Osterfleisch drin in der Stube auf den Tisch, der heut bedeckt ist mit dem alten hausgewirkten Tafeltuch aus feinstem Linnen.

Feierabend!

Der alte Reiservater steckt die schwere Uhr ins Samtgilet und hängt die dicke Kette mit den großen Talern daran; der Oberknecht rückt den Adlerflaum auf dem Hut zurecht, rollt den Bierbanzen in den Hausflöz und legt den Schlegel dazu; – und die Franzosen stehen lachend am Brunnen, einer sich schrubbend, der andere sich mit einem Roßkamm vor einem Spiegelscherben einen kühnen Scheitel ziehend – der dritte still seine Pfeife rauchend.

So kommt die Stunde des großen Halleluja und der Auferstehung.

Die einen kehren zurück von der Kirche – die anderen erheben sich grohnend von der Hausbank, wo sie ihre steifen Glieder ein wenig gestreckt und gedehnt haben – und gemach füllt sich die Wohnstube mit Menschen.

Auf dem Tisch steht nun die Schüssel mit den Nudeln und Krapfen, und die Mägde bringen dazu den Kaffee.

Der alte Reiser besprengt den Schinken mit Weihbrunn,

verbrennt geweihten Palm, streut die Asche über den Tisch und sagt: »Alsdann, eßt's und seid's gern da; insa Herr is aa wieder da.«
Und dann kommt die Reiserin mit den Eierschüsseln.
Die Stallmagd und das Gänsdirndl helfen ihr beim Tragen, indes die Franzosen schweigend ihre Kaffeesuppe auslöffeln und danach vom Tisch aufstehen.
Da sagt der Alte: »He da! Schamberle! Alfons! Goliat! – Dableib'n! – D' Hauptsach kimmt – d' Osteroar!«
Nun stehen zehn Schüsseln auf dem Tisch, und die Bäuerin beginnt – so wie sie es gewohnt seit langer Zeit – die Verteilung, jedem sein »Gelegtes« in der Schüssel darreichend, die von jeher für ihn bestimmt ist; dem mit einer gemalten Blume eine – dem anderen mit einem Spruch darauf – diesem eine blaue oder rote – dem anderen wieder eine weiße.
»Vater!«
Die Reiserin reicht ihrem alten Schwiegervater als erstem sein Gelegtes.
»Reiser!«
Stumpfsinnig betrachtet der Bauer seine Ostergabe.
»Michl!«
Der Oberknecht bedankt sich: »Gelt's Good, Reiserin!«
»Lisl!«
»Gelt's Good.«
»Nandl!«
Die Stalldirn sagt ihr Dankwort.
Und dann kommt der Ochsenbub daran – und danach das Gänsdirndl.
Und dann hat die Reiserin noch drei Schüsseln vor sich stehen – drei bemalte – die von ihren drei Reiserbuben.
Wie vordem die Perlen am Rosenkranz, so fielen gleichmäßig alter Gewohnheit nach die Namen eines jeden im Haus.

Und jetzt hebt die Reiserin eine von den bemalten Schüsseln – und sagt mit singender Stimme, so wie sie es tat Jahr um Jahr, so lang sie denken konnte als das Eheweib des Reiserbauern – sagt: »Girgei . . .«
Erschrecken malt sich auf allen Gesichtern.
»Hansei . . . Sepp . . .«
Die Reiserin stellt mit leerem Blick die Schüssel ihres Girg zurück auf den Tisch – blickt unsicher über die versammelten Leute hin – und sieht die drei Franzosen bei der Tür stehen.
»Ja so«, murmelt sie; »es is ja Kriag.« –
Da am Tisch stehen die Eier der Reiserbuben.
Drei Franzosen. – Drei Schüsseln. – Die Hand zuckt ihr . . .
Dann greift sie nach dem Körblein mit den siebenundzwanzig Eiern von heut, gibt's den Gefangenen mit weggewandten Augen hin und sagt: »Da . . . teilt's es enk.«
Und nimmt danach die Schüsseln ihrer gefallenen Söhne in die Schürze und eilt hinaus, hinunter in die Hütte der Lehrschneiderwabn.
Die Wabn ist ein einschichtigs Häuslweib, das sich mit einer Stuben voller kleiner Kinderwar, einer alten Geiß und etlichen Kinihasen rechtschaffen durchschlägt durch dies armselige Erdenleben, indes ihr Lehrschneider draußen im Lothringischen einem Häuflein gefallener Landsturmleute treue Kameradschaft hält – irgendwo in einer fremden Grabstatt drin.
Grad hockt sie hinten in der Schupfe auf einem niedern Schemel – die Lehrschneiderwabn – und melkt ihre Armeleutkuh; drin in der Stube balgen sich die Buben mit den Maidln, eins schreit in der Wiegen und ein anderes auf dem Boden, – da kommt die Reiserin zur Tür herein.
Wortlos, zaudernd schier steht sie still; ihr leerer Blick irrt scheu und fremd über das kleine Häuflein Elend hin, – dann tritt sie rasch an den Tisch und leert ihr Fürtuch aus.

»Da, i hab enk epps bracht«, sagt sie mit rauher Stimm; »a paar Osteroar.«
Und legt also alles hin, was sie bei sich trägt – die ganzen Ostereier der drei Reiserbuben.
Dann geht sie wieder heim und tut still ihr Tagwerk, wie sie es gewohnt.

Der Dorfdummerl

Es können leicht an die dreißig Jahre sein, daß ich ihn zum letztenmal gesehen, den Riederbauern von Öd. Ich lief dazumal noch in Kinderschuhen und ließ mich des öftern von ihm oder seiner Riederbäuerin aus dem Obstgarten staupen, wenn die Pflaumen zeitig wurden.

Zu jener Zeit war es auch, daß meine Großmutter das jüngste Maidl des Riederbauern, das Babettei, aus der Taufe hob. –

Nun, nach dreißig Jahren also, kam ich wieder dahin, wo die Gehöfte meiner Freundschaft standen, wo ein einschichtigs Kreuz und ein schmaler Erdhügel die Ruhstatt meiner lang dahingegangenen Voreltern weisen.

Und ich sah den großmächtigen Riederhof wieder wie dereinst zwischen fruchtbeladenen Bäumen und Hecken prangen.

Da kam mich ein Gelüsten an, dieses Haus wieder heimzusuchen und seine Bewohner zu begrüßen. Und ich stieg die alten, ausgetretenen Steiglein des Hügels hinan, ging an dem blumenreichen Hausgarten vorüber und trat zum Gehöft.

Da saß ein fremder Bauer neben der geschnitzten Haustür auf der Bank und fragte mich, was ich suchte an diesem Ort.

Ich bat ihn um Bescheid über den alten Riederbauern und seine Leut. Da sagte er: »Hock di a weng nieder da. Dees is a lange Gschicht, dees vom Rieder, – die Gschicht vom Dummerl.« –

Vom Dummerl, sagte er.

Ja, es war eine lange Geschichte, eine seltsame und schier unerhörte.

Der Riederbauer war schon in seinen jungen Jahren ein gspaßiger Mensch, ein Sonderling, ein einschichtiger, gewesen. Sein Sinn hing am Neuen, Fremden, Modischen, und er fand keine Freude am Althergebrachten, Überkommenen.

Als daher sein Vater starb, ließ er sogleich das ganze Inventar des Hauses versteigern samt Künikammer und Spinnradl, riß den alten Bauernhof bis auf die Grundmauern nieder und baute darauf ein neumodisches Gut. Und er stattete alles aus mit Maschinen und neuartigen Einrichtungen und suchte sich nun eine Hochzeiterin nach seiner Art.

Die einzige Tochter des steinreichen Wiesmüllers von Au war ihm gerade recht: in der Stadt erzogen, modisch gewandet und den Sinn nach allem gerichtet, was fremd und teuer war.

Der Geldsack kam auch hier wieder zum Geldsack; und dazu hatten die beiden auch noch Glück.

Es ging vorwärts bei ihnen, und die Goldtruhe wurde schwerer und schwerer.

Freilich, sonst fanden sie nicht viel Fröhlichkeit in ihrem Dasein. Denn sie hatten nicht viele Freund und Gönner, dafür aber desto mehr Feind und Neider.

Sogar der Pfarrer war ihnen nicht gewogen und sagte es ganz unverhohlen von der Kanzel herab, daß kein Reicher ins Himmelreich einginge; am allerwenigsten solch ein unchristlicher Protz, wie der ... na, er wolle ihn nicht nennen ... denn derselbige Tropf wüßte schon selber, daß er gemeint wär!

Die Gemeinde wußte es natürlich auch, wen dies anging.

Was Wunder, daß aus dem Riederbauern bald ein Einödbauer wurde!

Daß er alle mied und sich abseits hielt mit seinem Weib und seinem Dienstvolk.

Nur meine Großmutter ging bei ihm aus und ein und stand, als die Riederbäuerin ihrem Eheherrn ein junges

Menschlein ums ander in die Hauswiege legte, getreulich am Taufbecken und legte allen die Hand auf. –

Und die Zeit ging dahin in Arbeit; die Kinder wuchsen heran und gediehen wohl.

Aber sie hatten den Sinn von Vater und Mutter geerbt, fanden keine Lust am Bauernleben und waren, kaum daß sie der Schule entwachsen, auf ja und nein dahin – in der Großstadt.

Dies war nun freilich nicht nach dem Kopf des Alten. Aber was half's? Er mußte sie halt ziehen lassen, so sehr er sich auch dagegen stemmte.

Die Riederbäuerin freilich konnte den Abschied von ihren Kindern nicht verwinden. Sie ward krank und serbend, und etliche Jährlein darnach mußte ihr Eheherr sie hinaustragen lassen zur ewigen Ruhstatt unter einem kleinen schwarzen Erdhügel.

Nun hatte er niemanden mehr, der Rieder; denn auch meine Großmutter war zu der Zeit längst heimgegangen zum ewigen Frieden.

Da hätt er's gar gern gesehen, daß eins oder 's ander von seinen Kindern gekommen wär zu ihm, dem Einsamen.

Aber die waren alle nun versorgt und verheiratet drinnen in der Stadt und wollten nichts mehr wissen von Stall und Feld. Und die Jüngste, das Babettei, ließ überhaupt nichts mehr hören seit Jahr und Tag; die war verschwunden und verschollen.

Und wie leicht hätte gerade sie mit ihrer Jugend des Vaters Tage ein wenig gewürzt und erfrischt! Denn er war unversehens müd und alt geworden, der Rieder.

Sein ehedem rötlicher Vollbart war gebleicht, und das ergraute Haar hing wirr um die eingefallenen Schläfen.

Und doch war er noch gut bei Jahren!

Immer noch ein Wittiber, der das Zeug gehabt hätte, eine zweite zu freien!

Manchmal dachte er auch selber bei sich: »Es is net schee, oaspannig durchs Lebn roasn; i suach mir eppa gar wieder a Gspann – – –«; aber er fand nichts draußen in den Dörfern, was ihm getaugt hätte dazu.

Und so kam er zu guter Letzt auf den Gedanken, den ganzen Hof zu verkaufen und drinnen in der Stadt sich eine zu freien, die ihn noch einmal aufleben ließe und jung machte.

Also ließ er den schönen und großmächtigen Bauernhof fahren, kaufte sich in der Stadt ein Häusl mit einem Garten daran, richtete sich modisch her und ging auf die Freite.

Das Haar hatte er sich nun kunstgerecht zustutzen und den Bart ganz abnehmen lassen; und seine städtische Gewandung ließ ihn als einen ganz anderen erscheinen. Ja, als er eines Tages nochmals zurück mußte in sein Heimatdorf, um etliches zu schlichten, da erkannte ihn kein Mensch wieder. –

Nun lebte er also mit seinem Gelde in der großen Stadt und ging als Freiersmann herum.

Da traf es sich eines Abends, daß ihn, gerade als er aus einem Weinhaus trat, ein Mädchen ansprach und ihn einlud, mitzukommen.

Das Weibsbild gefiel ihm, und so kam es, daß er frei auf seine verheirateten Kinder und auf seine fünfzig Jahre vergaß, die er am Buckel hatte; und daß droben in Öd ein kleiner Fleck Erde war, unter dem seine Riederin schlief und auf ihn wartete!

Nur allzu willig tappte er hinter dem raschelnden Seidenfähnlein her und dachte weiter nichts, als daß er ein Wittiber wär und tun könne, was ihm gefiel.

Ja, er lud das Mädel sogar für den kommenden Tag zu sich ein und versprach ihm allerhand Geschenke, wenn es sich entschließen könnte, bei ihm zu bleiben!

Selbstverständlich wollte sie, die Jungfer! –

Am andern Morgen. Der Rieder hat für die Kleine, die er gern zu seiner Haushälterin möchte, ein hübsches güldenes Halskettlein erstanden mit einem Kreuz aus Granatsteinen daran. Denn er möcht das Weibsbild gar zu gern bei sich haben. Da könnt er am End auch ohne nochmalige Heiraterei das Dasein gemütlich beschließen . . .
Irgendwo trinkt er sein Schöpplein Wein und hängt dabei allerhand Gedanken nach.
Und unversehens erwacht in ihm der Wunsch, seine Kinder aufzusuchen: Den Franz, die Lies und die Gretl . . .
Und das Babettei . . . Sein Babettei!
Wo mag jetzt das Dirndl wohl weilen? Wo soll er es suchen? Drüben auf der Polizei hat er es erfragt, wo seine Kinder sind.
Und in der Hand hält er die Zettel, davon der eine besagt, daß das Fräulein Betty Rieder aus Öd in Bayern ein Privatmodell ist und Hotterstraße 2 wohnt.
Ob sie es wohl wirklich ist?
Der Rieder setzt sich in einen Fiaker und befiehlt: »Hotterstraße zwoa fahrst mi!«
Und dann tritt er ins Haus und läutet.
Eine Alte öffnet und gibt ihm Bescheid: »Ja, ja, Herr; dees stimmt schon. Die is's schon. Aber sie is grad net z' Haus. In einer halben Stund, hats gsagt, kommts wieder!«
Sie führt ihn in die Stube des Mädchens und schiebt ihm einen Sessel hin: »Warten S' halt derweil; sie wird glei kommen. Lassen S' Ihnen die Zeit net lang werdn.« – – –
Der Rieder steht in der Stube.
Aber er hat kaum einen Blick durch den Raum getan, da steigt ihm eine fliegende Hitze auf, und darnach schüttelt ihn ein Frost . . . Er fällt in den Sessel, – springt wieder auf, – rennt hin und her . . .
Schlägt sich vor die Stirn und schaut irr um sich . . .
Kein Zweifel, – es ist so. –

Und er setzt sich auf den Rand des Bettes, stemmt die Arme auf die Knie, lehnt den Kopf schwer darauf und schnauft . . .

Leichtlich eine Viertelstunde hockt er so da – ganz starr und stumm.

Plötzlich aber springt er auf, reißt das güldene Kettlein aus dem Sack und wirft es auf die Zudeck . . .

Zieht den Beutel, reißt ihn auf und streut die Silberstücke und Papierfetzen auf den Boden herum, brüllt auf wie ein wundes Tier und rennt davon . . . dahin . . . immer fort . . . dahin . . .

Etliche Tage darnach kniet vor dem Grabhügel der seligen Riederbäuerin ein irrer Mensch, wühlt in der Erde und stöhnt: »I kaaf dir a Kreuzerl . . . i kaaf dir a Ketterl . . . aber mei Ruah gib mir wieder . . . mei Ruah . . .«

Und seit der Zeit sagen die Leut: Der Riederbauer von Öd wär ein Dummerl worden. – – –

Schauer

Der Franzensimmer legt die letzte Mahd um. Dann nimmt er einen Büschel des eben geschnittenen Grases, wischt bedächtig seine Sense ab und wetzt sie für die nächste Arbeit; denn es ist um die Heuernte.

Hinter ihm schaffen ein paar Dirnen, werfen an und beuteln das Gras auseinander, daß die Halme fliegen.

Eine drückende Schwüle brütet über der Flur, sengend und dörrend glüht die Sonne hernieder und tut rasche Arbeit auf Feld und Wiesen.

»Bals heunt no aushalt't, 's Wetta, nachha bring ma leicht a fünf, a sechs Fuda hoam«, sagt der Simmer und richtet sich zum Gehen. »I mah jetzt no schnell an Heißenroa, – nachher fang ma o zum schlagln; z'erscht in der Broatwiesen drunt und darnach im Englmoos hint. Und der Sepp und 's Marei könnan da hervorn 's Wendn ofanga. Um zwoa soll der Franzos mit dem erschtn Wagn kemma!«

Darnach geht er mit großen, gemächlichen Mahderschritten dahin – – hinunter zum Heißenrain.

Unterwegs kommt er an einem Kornfeld seines Vaters vorbei.

Da steht er einen Augenblick still, betrachtet die schweren, bleichenden Ähren und murmelt: »Hat scho verblüaht. Schwaare Ähern. Da ham scho Körndl Platz drin.«

Dahinter kommt ein Land Weizen, gleichfalls dem Franzenbauern von Ried gehörend.

Und der Simmer findet auch den Weizen nicht schlecht.

»Steht guat, der Woaz«, sagt er für sich. »A weng nieder – aber sinst guat. Regna sollts halt.«

Dann mäht er den Rain. – – –

Halb zwei Uhr nach alter Zeit; denn der Bauer hälts nicht gern mit Neuerungen. Auch macht ihm dieses sommerliche

Vorrücken des Stundenzeigers so viel Rechnerei und Kopfarbeit, daß er lieber nach seiner Winteruhr schafft und werkt und also den Tag von der Sonn und vom Licht messen und in Stunden teilen läßt. –

Der alte Franzenbauer geschirrt die Rösser ein, der Franzos die Ochsen.

Da sagt droben auf der Altane die Großmutter: »Kaschba, i fürcht, ös derfts enk tummeln. A Wetta hängt hint, – a ganz a schiachs!«

Aber ihr Sohn, der Franzenbauer, lacht.

»Ah, was net gar! – Dees laß nur hint steh, Muatta! Dees tuat ins nix mehr. Derweil ham mir lang all's dahoam, was guat is.«

Und zum Franzosen hin murmelt er: »Daß die alt'n Weiber gar allewei epps zum ferchtn und zum schwatzn habn müaßn!«

Aber er werkt doch ganz geschwind, pfeift gellend den Dirndln, die zum Fuderfassen mitmüssen, und zeigt dem Franzosen die Wettertürme und die bräunlichen Nebelstreifen um die Sonne.

»He, Ludwig! – Wetta nix gscheits! – A bißl wite wite! Gel ja! Verschtehst mi schon!«

Und da grad die Maidln auf die Wagen springen und rufen: »Hüa! Fahrts zu!«, so versteht der ganz gut, was er soll; er schwingt sich auf den Wagen, reißt an den Zügeln der Rösser und schreit: »Üa lala! Üa!«

Breitspurig steht er droben, schnalzt mit der Geißel und setzt die Rösser in einen wilden Trab, indes das Dirndl kreischt und lacht und sich mit beiden Händen an den Wagenleitern festhält.

Und der Franzenbauer nimmt das Leitseil, treibt seine Ochsen an und folgt gemächlich hinterdrein.

Derweil richtet die Bäuerin schon einen Truchenwagen zurecht und schiebt ihn vors Haus.

Dann ruft sie hinauf zum Kammerfenster der Großmutter: »Muatta! He! –«
Die Alte tritt auf die Laube: »Was is's?«
»Muatta, moanst, daß d' a weng ablaaren helfa konnst, bal's erschte Fuada einakimmt? – 's Wetta steht hübsch nahand da.«
Die Großmutter blickt ängstlich nach dem Himmel, der sich immer drohender mit Wetterwolken umzieht.
»Freili stehts scho ganz nahand da!« wiederholt sie; »wenn ma nur no alls guat hoambringan – – und daß 's koa Schauer werd. – Auf die truckene Zeit hi. – Ja, i hilf.«
Also schafft und werkt der ganze Franzenhof, und drüben beim Singer ists das gleiche und beim Wirt und bei allen, die ihr Gut draußen haben auf Feld und Rain, – die den Halm zum Kreuzer machen müssen in sauerem Schweiß – mit vieler Müh.
Immer mehr umdüstert sich der Himmel. Die Sonne verkriecht sich hinter riesenhaften Wettertürmen und macht die Wolken kupferig und schwefelgelb.
Eine unheimliche Stille und niederdrückende Schwüle hängt in der Luft.
Nur die Stechmücken und Bremsen schwirren zu Hunderten und Tausenden herum und quälen Mensch und Vieh bis aufs Blut.
Die vom Franzenbauern arbeiten fieberhaft.
Schon fährt der Franzos das erste Fuder heim, die Bäuerin hilft ihm beim Ausgeschirren und Einspannen, – und dahin gehts mit dem Truchenwagen um das dritte Fuder. Denn das zweite macht grad der Franzenbauer fertig.
Drin am Heuboden ist die Hitze schier unerträglich. Das dürre Heu staubt, daß es sich wie ein Krampf auf die Lunge der alten Franzenmutter legt.
Sie hustet trocken und müd.
Aber sie werkt wie die Jüngeren und Jungen und nimmt

ihrer Schwiegerin Gabel um Gabel ab, indes der kleine Michl aus all den Gabeln voll den Grund legt zu dem großmächtigen Heustock, der noch an diesem Tag entsteht.

Kaum ist der Wagen leer und draußen aus der Tenne, da kommt schon der Bauer mit dem nächsten Fuder.

»Wieviel fahrts denn hoam?« fragt die Franzin.

»No viere.«

»No viere – des braucht ablaarn.«

»Und hintreraama«, sagt die Alte dazu.

»Und eintrettn!« seufzt der Michl.

Aber der Bauer hört nichts mehr.

Er spannt seine Ochsen an den Leiterwagen, schmiert sie mit dem Bremsenöl ein und tut einen besorgten Blick zum Himmel.

Da ists schier Nacht geworden; und weiter hinten, dort bei den Bergen, da wetterleuchtets und blitzts, daß man möcht blind werden.

»Hüa Braunei, ziag o!«

Ein Geißelhieb sagt erst dem Sattelochsen und dann dem Handigen, daß höchste Eil vonnöten ist. – Es schlägt drei.

Eine Glocke hebt zum Wetterläuten an.

Die auf den Feldern hörens.

Sie sehen über sich – und schlagen ein Kreuz.

»Heunt schaugts grause her.«

»Ja, ganz schiach.«

Und sie arbeiten wie ihre Rösser.

Immer noch kein Lufthauch – kein Tropfen Regen.

Etliche Krähen kreischen auf und fliegen ins Gehölz.

Hoch und schwer steht das Korn auf den Feldern, voll und reich der Weizen.

Die Blitze werden immer greller.

Ein vereinzelter Donnerschlag kracht und zersplittert irgendwo.

Die Rösser jagen mit leeren Wagen hinaus, – Ochsen schinden sich mit dem vierten, fünften Fuder dem Hof zu, – und die Menschen werken wie Riesen, um dem da droben mit seinem Leuchten und Grollen zu entreißen, was er vernichten möchte. – – –

Das letzte Fuder ist auf der Heimfahrt.

Noch sind die drei, der Michl, die Großmutter und die Franzin, beim Ableeren.

Da murmelt die Alte plötzlich: »Jetzt gehts nimmer. Jetzt muaß i a weng schnaufa.« –

Sie fällt wie ein Klotz auf den Heuhaufen.

Da – ein furchtbarer Blitz – ein heulender Windstoß – ein knatterndes Krachen . . .

Und dann: tak tak tak – auf die Ziegel des Hausdaches – Steine – Hagel.

»Heilig's Kreuz! Stoa! – Der Schauer!«

Drunten in der Wohnstube brennt die schwarze Wetterkerze von Unserer Frau zu Altötting.

»Im Anfange war das Wort – und das Wort war bei Gott – und Gott war das Wort . . .«

Draußen ein Brausen, Heulen, Toben; ein Klirren und Scheppern der Fenster. Das Vieh brüllt – der Mensch erbebt und lernt beten.

Und auf den Feldern liegt der Weizen und das Korn – mit vielen Tropfen Schweißes hergezogen, – das Brot des Landmanns und des Städters, – zermalmt und zerschlagen. –

Am andern Morgen steht der Franzenbauer draußen, schaut mit leerem Blick über die verwüstete Flur und murmelt:

»Ja no, – da kann ma halt nix macha. – Hat ma halt wieder amal umasinst g'arbat.« –

Und die Großmutter mahnt: »Teats Brot sparn, – der Schauer hat g'schlag'n.«

Feierabend

Der alte Kreuzeder hat's Heimgehen im Sinn.

Ächzend und ziehend liegt er in den hochaufgebetteten Polstern seiner Liegerstatt, hat die eingebrochenen Augen weit offen, die brandigen Lippen fest zusammengepreßt und die groben, knochigen Hände auf der geblümten Zudeck ineinandergeschlungen.

Eine dämpfige Schwüle brütet in der Kammer; – die alte Stockuhr hackt langsam ihre Zeit, – die Fliegen tanzen leise summend um die Fransen der Perlenampeln an den Fensterstöcken.

Die Kreuzederin gießt aufseufzend aus einer Steinkrugel Öl ins Nachtlicht, setzt einen neuen Docht ein und stellt eine zerbrochene Kaffeeschale voll Weichbrunn auf den Nachttisch.

Eine Weile steht sie nachsinnend mit verschlungenen Händen vor dem Bett des Absterbenden.

Darnach bricht sie ein Zweiglein vom Rosmarinstock am Fensterbrett, taucht's in den Weichbrunn und besprengt damit ihren Kreuzeder.

Und sagt mit verhaltener Stimm: »Wia is dir denn, Vata?«

Und da der Alt nicht sagt: schlecht – oder: guat, – so zieht sie ihren Rosenkranz aus dem Sack, wickelt ihn um die hageren Finger des Vaters und murmelt: »Hilf, Herr, – er ziagt.«

Und geht leise hinaus und holt die andern.

Ihren Jüngsten, – den Hans.

Und die Zenz, das Maidl.

Und denkt an den Sepp, ihren Ersten.

Dann ruft sie die Ehehalten zusammen, – die Knecht und Mägd. –

Drüben beim Leinthaler läuten sie zum Feierabend.

Da wispern die vom Kreuzederhof: »Jetz gilt's für eahm aa. Jetz macht er gähent aa Feiramd.«
Sie ziehen die Holzpantoffeln von den Füßen und gehen langsam und gedrückt die Stiegen hinauf, – hinein in die Kammer des Alten.
Der liegt starr, wie ehvor.
Nur die Augen wenden sich erkennend den Eintretenden zu.
Die Kreuzederin geht ans Bett des Sterbenden.
»Vata! – D' Leut waarn da . . . zum Pfüagoodn.«
Der Hans tritt hinter sie und schaut über ihre Achsel nach dem Vater.
Und würgt an den Worten:
»Is dir net guat, Vata?«
Die Zenz stellt sich an das Fußende der Bettstatt, hält das Fürta vor's Gesicht und fängt laut zum weinen und jammern an.
Indes die Ehehalten scheu und verlegen an der Tür bleiben und den abscheidenden Bauern betrachten.
Der läßt den Blick langsam von einem zum andern gehen. –
Langsam bewegen sich die knöchernen Finger.
Langsam öffnen sich die ersterbenden Lippen. Und lallend haucht der Alte: »Leut.«
Die Kreuzederin beugt sich zu ihm nieder.
»Möchst eppas sagn, Vata?«
Der Bauer rafft die letzte Kraft zusammen.
»Muatta . . . Leut . . . ich muaß . . . geh. – Halt's . . . guat . . . z'samm . . . und schaugt's . . . auf . . . d' Sach.« –
Er setzt erschöpft ab.
Die Bäuerin gibt ihm mit dem Löffel ein Wenigs von dem roten Wein am Nachttisch.
Der Alt fährt fort:
»Hans, . . . der Schimme . . . is leicht . . . verdorb'n. – Und

der Fuchs . . . derf net . . . grittn werdn. – Hat d' Hürblerin . . . scho kalbet? – Bal . . . der Sepp . . . vom Kriag . . . hoamkimmt, . . . soll er . . . an Hof . . . habn . . . – Leut . . . i dank enk . . . und . . . nix . . . für . . . unguat.«

Hart und kurz abgerissen ist die Rede gekommen.

Noch einmal flackert das Leben auf. »Aufrichten!« flüstert er.

Die Bäuerin schiebt ihren Arm unter seine Polster.

Vürsichtig stützt sie den Sterbenden, bis er schier aufrecht sitzt.

Da hebt sich langsam seine welke Rechte, – fährt unsicher über die Zudeck und fällt müd herab.

»Insa . . . Herr . . . gsegn . . . enk. – Hans . . . Zenz . . . Muatta . . . Sepp! – Der Sepp . . . soll bald . . . heiratn . . . daß . . . a Bauer . . . am Hof . . . is. – O . . . mei . . . Heiland . . . –«

Die Zenz schreit laut auf.

Der Hans tritt vom Bett weg – mit tiefgebeugtem Kopf.

Die Kreuzederin läßt die Kissen sinken.

Es ist aus.

Sie drückt dem Vater leise auf die Augenlider.

»O Herr, gib eahm die ewi Ruah . . .«

Und der Ochsenbub läutet dem Bauern den Feierabend.

Lena Christ ist neben Ludwig Thoma die stärkste literarische Begabung Altbayerns zu Beginn des 20. Jahrhunderts.

Lena Christ

Gesammelte Werke in 3 Bänden, kommentiert und herausgegeben von Walter Schmitz.

Band 1:

Erinnerungen einer Überflüssigen
Lausdirndlgeschichten
Mathias Bichler

512 Seiten, Leinen

Band 2:

Unsere Bayern anno 14/15
Die Rumplhanni
Bauern

400 Seiten, Leinen

Band 3:

Madam Bäurin
Nachgelassene Werke

400 Seiten, Leinen

Lena Christ
im dtv

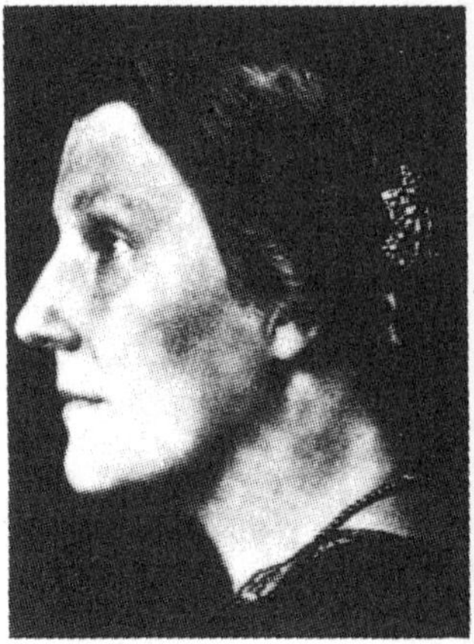

Erinnerungen einer Überflüssigen

Die Geschichte einer Jugend, in der die Idylle einer Kindheit bei den Großeltern auf dem Lande von langen qualvollen Jahren in der Gewalt einer lieblosen Mutter abgelöst wird. Es war Lena Christs erstes Buch, und sie trat damit als Dichterin der »kleinen Leute« an die Seite ihres großen Zeitgenossen Ludwig Thoma. dtv 10811

Die Rumplhanni

Die Rumplhanni, Dienstmagd auf dem Hauserhof, würde dort gar zu gern Jungbäuerin werden. Ihr Versuch, der Sache ein wenig nachzuhelfen, geht schief, und so verläßt Hanni das Dorf, um in München ihr Glück zu machen ...
dtv 10904

Mathias Bichler

Mathias Bichler hat es als Findelkind nicht gerade leicht. Er erlebt so allerlei, gerät in lustige und weniger harmlose Situationen, bewahrt sich aber trotz aller Schicksalsschläge seine naiv-selige Weltfreude. Ein wundervoll lebensechter, bayerischer Abenteuerroman.
dtv 11035

Madam Bäurin

In der Sommerfrische auf einem bayerischen Bauernhof stellt die höhere Tochter Rosalie Scheuflein fest, daß ihr der Sohn des Bauern lieber ist als jeder noch so vermögende Stadtmensch. – Eine heiterbewegte Geschichte aus der Zeit der Jahrhundertwende.
dtv 11089